ヨーロッパ分権改革の新潮流

地域主義と補完性原理

若松 隆 ＋ 山田 徹 編

中央大学出版部

はしがき

　近年わが国では道州制をめぐる論議が活発になり，その単位として「地域」(region) の問題が改めて注目を集めるようになった。国際的にみても，連邦制の研究は「ルネッサンスの時代」(E. エレーザー) を迎えている。この背景には世界的な政治変動があり，そこではグローバリゼーションに伴う国民国家の枠組みの揺らぎ，ポスト福祉国家時代の先進諸国における国の規模と形態をめぐる様々な模索，冷戦期の権威主義体制崩壊後の新生国における新たな国家形態を求める動き，などが複合的に作用している。ところで興隆しつつある現代のリージョナリズム研究には，国境を超えたマクロな地域を対象とするものと，一国内の広域的なまとまりであるミクロな地域を対象とするものとがある。本書は後者を分析の対象とするが，ここでいう地域とは，比較政治学・行政学の概念にしたがって，中央政府=国と「ローカル」(local) な基礎自治体の間に位置する団体が統治する単位を指し，具体的にはそれは，連邦制国家における州やカントンと，単一国家での地域圏やレーンを意味している。現代のヨーロッパにおけるこの地域を中心とした分権改革の現状を解明することが，本書の課題である。

　今から10年ほど前の1997年に，ストラスブールに在るヨーロッパ評議会傘下のヨーロッパ地方・地域自治体会議が提示した「ヨーロッパ地域自治憲章草案」は，政治的・民主的な地域の概念を緻密に定義したものとして知られている。その表現はやや晦渋なので簡略化して説明すると，地域自治とは，次の団体，即ち「(1) 選挙された機関をもち，行政的に中央政府と地方自治体の間にあり，自主的に組織編制を行う特権をもつか，あるいは中央政府と関連した特権をもって，(2) 自らの責任で住民の利益のために，補完性原理にしたがって公的事項を所管する，各国における最大の領域団体」の権利および能力，と定義されている。ここでは，民主的な地域自治のあり方が

とりわけ補完性原理と結びつけられたことが重要であり、近年のヨーロッパにおける国-地域-基礎自治体間の関係の進展は、おおむねこの趨勢に沿って展開されている。

よく知られているように補完性原理とは、要約すれば「公的な問題は住民に身近な主体が処理し、それらができないときはより広域な主体がこれを補完する」ことを意味している。組織間の重層的な関係を律するこの原理は、より広義にはカトリック社会理論に端を発するが、近年では1985年の「ヨーロッパ地方自治憲章」で明文化され、その後EUのマーストリヒト条約や今般のリスボン条約（ローカル・レベルを含め）に、またドイツ、イタリア、フランスの憲法に導入された。わが国でもこの原理は、地方分権化や各種の構造改革をめぐる論議でしばしば言及され、最近では第28次地方制度調査会の道州制導入を勧告する答申の中で、同趣旨の近接性原理とともに用いられて定着し、新たな公共空間を構想するための教導的概念の一つとして脚光を浴びている。本書が意図する第2の点は、この補完性原理をめぐり、わが国で一層の議論を喚起することである。

以上のように、本書は対象としてヨーロッパの先進民主主義国を幅広く取り上げ、それらの国々での中央-地域の相互作用とそこでの分権改革の流れを、なるべく最新の情報を用いて分析することを試みた。国の規模や伝統が異なるので直ちに対比することはできないが、わが国の道州制をめぐる議論への一助となることができればと、筆者たちは願っている。これらの点を念頭において、読者の方々は本書をひもといていただきたい。掲載する国々の順序は必ずしも筋道を立てていないので、先ず関心のある国や地域を対象としてお読みになるのもよいであろう。忌憚のないご批評とご批判を期待する次第である。

   2008年5月

                若松 隆・山田 徹

目　次

第1章　スペイン自治権国家の実態と変容
——カタルーニャ自治州の事例を中心に

はじめに——自治権国家の形成 …………………………………………1
第1節　カタルーニャ新自治憲章の制定 …………………………………5
第2節　カタルーニャ新自治憲章の内容 …………………………………9
第3節　自治州体制形成の法的・政治的特徴………………………………13
第4節　自治権国家の現在的地平……………………………………………16
おわりに——自治権国家と補完性原理……………………………………19

第2章　ドイツにおける連邦制改革の現状
——第52次基本法改正によせて

はじめに ……………………………………………………………………29
第1節　ドイツ連邦制の構造とその諸問題…………………………………30
　1．構　造　　2．政治的錯綜の問題
第2節　基本法の改正へ……………………………………………………35
　1．改正論議の沿革　　2．連邦制委員会の発足
第3節　基本法改正をめぐる諸論議…………………………………………39
　1．逸脱権の問題　　2．第84条第1項の問題　　3．連邦と州の立法権限
　4．共同任務と混合財政　　5．連邦制委員会の挫折
第4節　基本法改正の成立……………………………………………………52
　1．連合協定の締結　　2．改正基本法の採択

お わ り に …………………………………………………………………57

第3章　イタリアにおける地方分権と補完性原理

はじめに ……………………………………………………………………63
第1節　48年イタリア共和国憲法の地方制度の基本構想 …………66
　1. 分権国家の選択　　2. 国家形態としての「州国家」の選択──州を中核とした3層制
第2節　90年代以降の地方制度改革の流れ ………………………………70
　1. 1990年法律第142号による改革──戦後最初の地方自治に関する総括的法律　2.「バッサニーニ」改革
第3節　2001年憲法的法律第3号による憲法改正 ……………………75
　1. 国（stato）と州および地方団体の同格化（第114条）　　2. 州の立法権の強化　　3. 行政権の配分原理の根本的転換──「補完性原理」の憲法化　　4. 国家統制の縮減
第4節　憲法改正後の状況……………………………………………………83
　1. 憲法改正の実施をめぐる動向　　2. 憲法裁判所判決2003年第303号──憲法裁判所による憲法の「書き換え」？
お わ り に …………………………………………………………………87

第4章　ベルギー連邦制の展開と課題
　　　　──補完性原理と社会統合

はじめに ……………………………………………………………………93
第1節　連邦制国家への歴史的経緯…………………………………………95
第2節　1993年改正憲法による連邦制の特徴 ……………………………99
第3節　ブリュッセル問題と2000～2001年の制度改革……………105

おわりに──補完性原理とベルギー国家のゆくえ ………………………113

第5章　スイス連邦制における補完性原理
──新財政調整をめぐって

はじめに ………………………………………………………………………119
第1節　連邦制のもとでの中央と地方 ……………………………………120
第2節　財政から見た連邦中央と州──「新財政調整」…………………127

第6章　スウェーデンにおける地域レベルの統治組織の改革

はじめに ………………………………………………………………………141
第1節　戦後スウェーデンにおける地域レベルの統治機構改革の展開 …144
第2節　「事務配分に関する委員会」答申 ………………………………151
第3節　地域政策の変化 ……………………………………………………157
　　1．基点＝1960年代　　2．転　換
おわりに ………………………………………………………………………163

第7章　スコットランド分権改革の経過と課題

はじめに ………………………………………………………………………167
第1節　分権改革の成果──スコットランド議会（Scottish Parliament）
　　　　の活動 ………………………………………………………………170
第2節　スコットランド-イギリス両政府間関係…………………………172
第3節　スコットランド-地方両政府間関係………………………………176
おわりに──新しい段階を迎えたスコットランド政治：2007年5月の

選挙の結果 …………………………………………………181

第 8 章　フランスと補完性原理
──州の現状と 2003 年憲法改正

はじめに …………………………………………………………189
第 1 節　フランスの地方公共団体(collectivité territoriale)と州(région) …190
　1. 4 層の地方制度　　2. 州の発展史
第 2 節　州の規模と役割 ………………………………………194
　1. 人口・面積と公務員　　2. 財　政　　3. 公共投資における州の役割
第 3 節　2003 年憲法改正と補完性原理 ………………………202
　1. 補完性原理の導入　　2. 条例制定権　　3. 実験による法律の逸脱
　4. 固有財源比率の保証　　5. 事務の再配分
おわりに──近年の分権改革におけるフランスと日本の対照性 …………207

ヨーロッパ分権改革の新潮流

第1章　スペイン自治権国家の実態と変容
——カタルーニャ自治州の事例を中心に

若　松　　　隆

はじめに——自治権国家の形成

　スペインで，長きにわたって続いていたフランコ独裁体制が終わり，最初の自由選挙が実施されたのは1977年6月のことであった。この総選挙で選出された議員からなる新議会は2院制で，下院優位の原則の下で新しい憲法の制定がその主要な任務となった。1978年，上・下両院で可決・承認された新憲法案は国民投票にかけられ，圧倒的な支持を得て成立し，施行された。(以下，地名に関しては28頁の地図を参照されたい)

　俗に1978年憲法と称される当憲法に関しては，種々の特徴が指摘されているが，中でも特に際立っているのは，スペイン史に例を見ない全く新しい地方制度である。新憲法第2条および第8篇の各条項に規定され，「自治権国家」(Estado de las Autonomías) という言葉によって示される，「自治州」(Comunidad Autónoma) を基盤とする分権国家がこれである[1]。この憲法の規定に基づき，1979年にバスク，カタルーニャ両地方で自治州が成立したのを手始めに，1983年におけるエストレマドゥーラ，バレアレス，マドリード，カスティーリャ=イ=レオンの4自治州の設立をもって，スペイン本土は17の自治州に完全に分割され，地方分権の新しいシステムが出現した。た

だ，現行憲法の下における地方分権システムは完結したものではなく，多くの論者が述べているように，状況の変化に対応してその内容を変えていくことを特徴とする「開かれた」システムなのである[2]。

1983年に自治州体制の祖型が形成されて以後，約10年の間に，実際，多くの自治州で憲章の改正がなされた。したがって，この1983年から92年にかけての期間を「自治州体制整備期」とするならば，それに続く約10年間は「自治州体制見直し期」とでも称しうる期間で，これはいまだ進行中の過程である。この間，各自治州では自治憲章が改正され，国から自治州へ各種の権限移譲が，国と自治州との間の個別の政治交渉と自治憲章の改正を経て実現されている。

バスク，カタルーニャ，ガリシア，アンダルシア，それにカナリアス，バレンシア，ナバーラを加えた7自治州を除く10自治州では，このように3〜4回の改正を通して地方自治権の漸進的拡大が実現されてきたが，バスク，カタルーニャ，ガリシア，アンダルシアでは長らく，自治憲章の改正が行われないままであった。しかし，2004年12月に自治州議会を通過したバスク新自治憲章案を皮切りに，その後，カタルーニャ，バレンシアなどでも新自治憲章案が各自治州議会を経て上・下両院に付託された。バスク新自治憲章案に関しては，憲法の規定を超える権限を要求するものとして国会の承認を得られなかったが，カタルーニャとバレンシアの両自治憲章案は2006年，国会で可決・承認され，カタルーニャでは同年6月，州民投票で最終的に成立した。

自治州ごとのこのような自治憲章改正状況の違いは，大きく見て自治憲章制定時における制定手続きの種類の違いに起因している。「歴史的」と称され，地域主義・民族主義のその伝統の旧さから，他に先駆けて自治権を確立したバスク，カタルーニャ，ガリシアの3地域（それにアンダルシアが新たに加わる）と，同じく特別な地理的，歴史的な条件と背景をもつカナリアス

自治州とナバーラ自治州とは，スペイン自治州体制の中で他州とは区別された存在である。つまりスペインにおける自治州システムは，イタリアの1948年憲法におけるのと同様，特別州と普通州の区分に類似した二元的存在として誕生したのである[3]。

スペインにおいて，いわゆる自治権国家が形成されてすでに20年を越えるが，この間，自治州の国に対する法的立場は確実に強化され，その独自の権限は着実に増大してきている。とはいえ，17の自治州から構成されるスペインの自治権国家の発展は，自治州間の権限の差異を極力縮小していこうとする国の努力と[4]，可能な限り自己の自治権限を拡大していこうとするカタルーニャ，バスクなど，産業の発展した特定の自治州との間の，紛争と交渉の過程によって規定されてきた[5]。

そして法治国家である限り，このような紛争は法の解釈と決定とによって解決されなければならないのであり，国と自治州との間の対立が激しさを増すごとに，第三者として仲裁機能を果たす憲法裁判所の役割は増大するのである。スペインで，このような紛争を解決する主体として憲法裁判所が重要な役割を果たしてきたことは，国と自治州（とりわけバスク，カタルーニャの両自治州）との間の政治的交渉が常に困難であったことを明示している。憲法裁判所の存在は，それ故，スペインの自治州国家形成にとって不可欠の要因であったということができよう。実際，スペイン自治州体制の法制度的骨格は，その多くをこの憲法裁判所の判例に負っている[6]。

とはいえ，権限をめぐる国と自治州との間の紛争の発生は，それ自体，決して好ましいことではない。そこで自治州の権限をさらに一層拡大することが望まれるのだが，ここに国家体制，あるいは国家の基本構造に関わる問題が出現するのである。それは具体的には，次のような形をとるであろう。

まず第1に，現行憲法の規定では，自治州の権限のさらなる拡大がもたらす国家構造の変化，即ち連邦制化の実態に適応しきれなくなることであり，

自治憲章の改正による地方自治権の強化が国法の法的統一性を乱しかねないことなのである。このような事態を回避するためには、基本的には憲法の改正を必要とするが、憲法の改正は手続き的にかなりの困難性を伴い[7]、結局は憲法の規定を実態が踰越することになりかねないのである。

次に第2に、もし自治憲章の改正によって地方自治権が拡大し、もって連邦制的国家構造がスペインの支配的な国家形態となるならば、自治州を中心とする地域の利害を代表し集約すべき議会、具体的には上院が必要とされるであろうが、現在のスペインにおける上院はこのような地域代表の機能を果たしておらず、その意味でも憲法の改正による上院の改革が、今後の重要な政治的課題として残されているのである。上院改革のための憲法改正は、現在、差し迫った問題として広く認識されており、政治的争点としては特に党派的性格が濃厚なものでもなく、国会でもいずれ実現される案件であろう。

そして第3に、以上述べた2点に関係する問題だが、現在のスペインにおける上院の機能的不備に代置する形で、下院では全国政党と並んで地域主義政党が無視できない数の議席を占めており、特にカタルーニャ、バスク両地域選出の議員はその多くが地域主義政党に所属しており、彼らの活動が上院の本来果たすべき機能を一定程度補填しているのである。

しかし、この第3の点に関しては、バルセロナ大学准教授J. M. カステリャー氏が、その問題点を4点にわたって指摘している。即ち、(1) それぞれの議会期間ごとに下院における政治勢力図が変わるので、全国政党と地域主義政党との間の関係がその都度、変動してしまう、(2) この政党間の関係を律する法的形態の欠如が、いくつかの達成された政治的成果を不安定なものにしかねない、(3) 下院で活躍する地域主義政党の政策目標が、その選出母体である地域・自治州の利害と常に一致するとは限らない、そして (4) 全国政党と特定の地域主義政党との間で結ばれた協定によって国政が左右されることに対して、協定に参与しなかった地域・自治州から不公平であるとの

不満が発生しやすい，ことがそれである[8]。

　いずれにせよ，現在の自治州体制はカタルーニャ，バスク両自治州の動向によって大きく左右される構造となっており，この2地域による自治権拡大要求活動に的を絞ることにより，スペイン自治権国家の過去，現在，未来にわたる変貌を観察することができるであろう。ただ紙幅の関係上，本稿では変革の能力（ポテンシャリティー）という観点からカタルーニャの事例を中心に取り上げ，必要な限りでバスクの状況に言及するという方法をとりたい。人口，経済力，政治交渉力などのレベルにおいて，カタルーニャがスペイン国家内で及ぼす影響力は，実質的にバスクのそれを凌いでいるからである。したがって，以下，カタルーニャにおける自治権問題に焦点を当て，論述していくことにする。

第1節　カタルーニャ新自治憲章の制定

　先にも簡単に触れたが，スペインの多くの自治州では，1991年，94年，98～99年を中心に，自治憲章の改正を通して着実に自治権の拡大を実現してきた。しかし，他の地域に先駆けて1979年にいち早く自治権を獲得したバスク，カタルーニャの両地域では，その後，大幅な権限拡大を目指しつつも，2005年に至るまで具体的な新憲章案を提出することはなかった。

　その理由として考えられるのは，(1) 両地域では，伝統的に地域主義・民族主義が盛んであり，自治州体制が具体化されたとき，特別の配慮が払われ，当初から広範な権限が譲与されたこと，(2) 地方分権推進にそれほど熱意を示さなかった保守政党―国民党政権（1996～2004年）に代わって，2004年春，地方分権に好意的な社会労働党政権が成立したこと，(3) EU（欧州連合）の地域重視政策により，国内外での強力な支持を期待することが可能

になったこと、などである。

　事実、2005年には、バスク、カタルーニャで権限拡大をより一層進めようという新憲章案が提起され、国＝中央政府との間でその内容をめぐる政治的交渉が行われた。自治州政府首相の名前をとり、「イバレーチェ計画」（Plan Ibarretxe）と呼ばれることになったバスク自治州の案は、自治州政府を中央政府＝国と対等の地位に置こうとする急進的な提案で、結局、交渉は決裂し、新憲章は成立するに至らなかった。

　他方カタルーニャにおいては、バスク自治州におけると同様、2003年には憲章改正のための試案が公にされている。当時のカタルーニャにおける支配的地域主義政党「集中と統一」（CiU）は、同年4月3日、「カタルーニャ新国家憲章のための基本原則」と称する改正試案をカタルーニャ州議会に提出している[9]。

　しかし、それに先立つ3月25日、「集中と統一」に対抗している社会主義政党・カタルーニャ社会党の指導者パスクアル・マラガイ（後にカタルーニャ自治州政府首相）は、「カタルーニャ自治憲章のための基本原則」を提出していたので[10]、性格を異にする2つの自治憲章案の基本構想が、保守・革新の両勢力から出されたことになる。

　表題からも分かるように、この2つの試案は、想い描く将来のスペイン国家像を異にしている。「集中と統一」案では、「国家憲章」と銘打ち、カタルーニャを単なる自治州ではない、国と並び立つ主権国家に変えようという明白な意図が表明されている。したがって、この立場に立てば、従来のスペインはカタルーニャ（そして、たぶんバスクも加担して）と、その他15の自治州とに二分され、スペイン国家から離脱が可能なカタルーニャ（たぶんバスクも）と、その他の地域という、分断国家に変容するであろう。このような事態は、国＝中央政府としては避けたいところであった。

　このような中で、2003年11月に行われたカタルーニャ自治州議会選挙に

おいて，新しい政治的局面が出現した。それは即ち，長期にわたる「集中と統一」支配を打ち破り，カタルーニャ社会党，カタルーニャ共和主義左翼党，カタルーニャのためのイニシアティブ・緑（旧カタルーニャ統一社会党〔カタルーニャの共産主義政党〕）の3党からなる連合勢力が政権を掌握したのである[11]。そこで，これら3党からなる連立州政府と州政府与党であった「集中と統一」との間で，新自治憲章案作成に向けての政治的折衝が開始されたのである。交渉の結果，カタルーニャを国家（nació, nación）と規定すること，カタルーニャ語とスペイン（カスティーリャ）語の両言語をカタルーニャの公用語とし，その双方の習得を義務づけること，ヨーロッパ議会選挙において単一のカタルーニャ選挙区を創設すること，などで意見の一致を見たが，カタルーニャ州財政，教育の非宗教化（laicidad），カタルーニャの歴史的諸権利の回復と拡大などに関しては，合意に達することができず，一時，自治憲章案のカタルーニャ州議会による承認が危ぶまれた。

しかし，2005年9月，カタルーニャ州政府首相P. マラガイと「集中と統一」党首A. マスとの間で，カタルーニャ州財政および教育非宗教化に関する妥協が成立し，直後，カタルーニャ新自治憲章案はカタルーニャ州議会において，賛成120票，反対15票で可決・承認された。引き続いて，新憲章案は国会における審議に付された。

まず下院憲法委員会は，かつて社労党政権期に副首相であったA. ゲラの指揮の下，下院憲法委員会とカタルーニャ自治州議会双方の同数代表からなる同数委員会（ponencia paritaria）を構成させ，下院本会議に提出すべき意見書の作成をそれに委嘱した。しかし，カタルーニャ代表の4党の間で意見の一致を見ることができず，社労党政府はこれら4党と個別の交渉を実施せざるえなかった。

2006年1月21日，スペイン政府のロドリゲス・サパテーロ首相とカタルーニャ州議会第一野党の「結集と統一」党首マスとは，カタルーニャの自

己規定と州財政モデルに関する基本合意に達した。カタルーニャ代表4党の間で完全な意見の一致を見なかったものの，新自治憲章案は修正を経たのち，同年3月30日，下院で可決・承認され，上院に付託された。上院では，まず5月5日，新自治憲章案は自治州総委員会で可決・承認されたのち，5月10日，本会議においても承認された。この本会議での投票では国民党が反対票を投じ，他方，当初案からかなり後退してしまった憲章案に不満をもつカタルーニャ共和主義左翼党は棄権にまわった。

その後，カタルーニャ共和主義左翼党は国会で修正・可決された新自治憲章に対して反対の立場に転じ，その結果，閣内不一致を来たしたP. マラガイ自治州政府は，大幅な内閣改造を余儀なくされた。

このような混乱した政局の中で，2006年6月18日，国会で承認ずみの新自治憲章に対する州民投票が実施され，投票率49.4%，うち賛成票73.9%，反対票20.8%で承認された。投票率がそれほど上がらなかった理由としては，最初から新自治憲章案に反対してきた国民党の支持層の多くが投票に参加しなかったことに加えて，カタルーニャ共和主義左翼党の反対表明も影響したであろう。また州民投票での承認に必要な定足数が定められていないが，この点に関する関心は，ほとんど存在していないようである。

制定されたカタルーニャ新自治憲章に対しては，国民党の下院議員100名以上が連名で，「憲法がうち立てたスペイン国民間の自由と平等の原則を破壊するものである」として提訴しており，9月28日，憲法裁判所はそれを受けて審理に入った。また国民党に加えて，護民官（行政オンブズパーソン），ムルシア，ラ=リオハ，アラゴン，バレンシア，バレアレスの5自治州からも違憲審査の訴えが憲法裁判所に寄せられた。

第2節　カタルーニャ新自治憲章の内容

　それでは，カタルーニャ州議会で承認された当初の新自治憲章案と最終的に成立した自治憲章との間には，どのような違いが生じたのであろうか[12]。それを，次に，重要な係争点となった問題にそって取り上げていこう。

　それは具体的には，(1) 歴史的諸権利，(2) 権利・義務および司法権，(3) 憲法第150条第2項[13]，(4) 二者間交渉および住民投票，(5) 国家機関への参画，(6) 対外行動，(7) 新憲章案前文と国民＝国家規定，(8) 財政，(9) 新憲章案におけるスペインへの言及の少なさ，(10) 移民に対する管理権，(11) 労働監督業務，などである。

　まず (1) 歴史的諸権利に関する問題であるが，当初，新自治憲章案の追加規定第1条にそれに関する規定が盛られていたものの，成立した新自治憲章ではそれが削除されている。つまり，言語，文化以外の事柄に関しては，カタルーニャにより以上の権限を与えることに対して，国会内で強い反対が存在した事実を窺わせる。

　次に (2) 特に司法権に関しては，自治憲章第Ⅲ篇「カタルーニャの司法権」にその規定が存在する。本篇は第1章「カタルーニャにおける高等裁判所および高等検察庁」，第2章「カタルーニャ司法評議会」，第3章「司法行政に対するカタルーニャ州政府の権限」の3章からなっており，第1章に第95，96条が，第2章に第97～100条が，第3章に第101～109条が属している。条文の基本的構成に関しては，当初案と新憲章との間に差異はないものの，全ての条文において大幅な改変がなされており，カタルーニャへの一定程度の司法権の移譲が実現されているにもかかわらず，依然として国の統制を受けているのが明らかになっている。

　続いて (3) 憲法第150条第2項の件であるが，当初案の追加規定第3条

にカタルーニャが求める諸権限が 10 項目にわたって列記されているものの，新憲章ではこの条文も削除されている。当初憲章案では，追加規定第 3 条第 1 項に，a）カタルーニャにある一般的〔国家的〕利害を有する港湾，b）カタルーニャにある一般的利害を有する空港，c）カタルーニャにおけるテレコミュニケーション基盤の運営，d）州民投票による意見聴取の承認，e）国の管轄下にある，外国人に対する滞在許可に関する業務，f）国の管轄下にある，外国人受け入れに関する業務，ただし出入国管理業務を除く，g）外国人労働者の選別，h）国の管轄下にある，運輸・交通に関する業務，i）学位・専門資格の授与に関する諸条件の統制，j）カタルーニャにおける司法諸機関の管轄地の確定，の 10 項目が記されている。

政府は港と空港に関して移譲の方針を打ち出しているが，バルセロナのプラト空港についていえば，勧業省傘下の公社 AENA が所有している同空港の経営権の 51％ を国に，残り 49％ をカタルーニャ州，バルセロナ市，および私企業に移譲する方向で動いている。

次に（4）（5）（6）を跳んで（7）に入るが，結局，中央政府の要求通り，国民＝国家を意味する nació, nacional の文言は，当初憲章案第 1 条「カタルーニャ国」（La nació catalana）を始め，本文中から全て削除されている。例えば，第 1 条第 1 項で「カタルーニャは国家（nació）である」と規定していたものが，新憲章では「カタルーニャは民族的に独自な存在として（com a nacionalitat）…」と，その自己規定の内容が曖昧化されている。当初憲章案の前文でも nació, nacional が多用されていたが，新憲章の前文にはその終わりの部分で，「スペイン国憲法はその第 2 条で，カタルーニャの国家的現実（realitat nacional）を民族的に独自な存在として（com a nacionalitat）認容する」と記すに止まり，「カタルーニャ国」を打ちたてようとしたカタルーニャの意図は，中央政府，その他の強い反対姿勢を前にして，完全に挫折してしまったのである。

続いて (8) 財政に移るが，新憲章では第Ⅵ篇「カタルーニャ自治州政府の財政について」の下に，第 1 章「カタルーニャ自治政府の財政」，第 2 章「カタルーニャ自治政府の予算」，第 3 章「地方政府の財政」の 3 章構成をとり，第 201 条から第 221 条までがこれに含まれる。新憲章の条文を当初憲章案と対照させてみると，抜本的な修正が加えられたことが判明する。ほとんど全ての条文が大幅に改変され，当初憲章案第 207～210 条に至っては，新憲章第 206 条に一括統合されてしまっている。因みに，この条文削除によって条文数が 3 つ減ったことに加えて，ヨーロッパ議会議員選出のための選挙区制をめぐる当初憲章案第 193 条が廃棄されたことと相俟って，条文数は当初の 227 カ条から 4 減の 223 カ条となっている[14]。

いずれにせよ，カタルーニャ財政を巡る中央・カタルーニャ両政府間の攻防がいかに激しかったか，そして結果的に，カタルーニャ側が，財政自主権をバスク・ナバーラ並みにという所期の目標を完全には達成することができなかった事実を如実に物語っている。財政移譲については，国から完全移管されたものと一部移管されたものがある。具体的に見ると，中央政府とカタルーニャ自治政府の両者代表からなる混成委員会によって，次のように決定された。

個人所得税については 33% の自主財政権が 50% に，付加価値税については 35% の自主財政権が 50% に，燃料税，タバコ税，アルコールおよびアルコール飲料税，ビール税については 40% の自主財政権が 58% に，ワインおよび発泡ワイン税，中間製品税についても 58% の自主財政権を獲得した。当初憲章案における高い目標が政治的妥協による決着を見込んで嵩上げされたものであったと考えるならば，カタルーニャ自治政府による着実な政治的成果と，これを評価することもできよう。

最後に (10) (11) 移民・労働問題を見てみると，当初憲章案の追加規定第 3 条 e), f), g) で，国の権限の実施をカタルーニャ自治政府の活動範囲

内の行為としているが，新憲章ではこの条文自体が削られており，この領域でもカタルーニャ側の要求は，十分に認められたとはいえない。ただ，移民・労働問題に関しては，新憲章第4篇「権限に関して」内の第2章「権限に係わる事項」の下に第138条として明文の規定があり，カタルーニャ自治政府に一定の権限が移譲されたことを考慮すれば，この領域においてもそれなりの成果を得たということができるかもしれない。

　具体的には，第138条第1項でカタルーニャ自治政府の専権として，a）移民の受入れ態勢の整備，b）移民の統合政策の展開，c）移民の社会・経済的統合と社会参加に必要な方策の確立と統制，d）移民受入れのための法律の制定，e）カタルーニャ出身者の帰郷を奨励すること，が挙げられ，続いて第2項では，カタルーニャで就労する外国人に対する労働許可はカタルーニャ自治政府の専権に属するとしつつも，その入国と滞在許可に関して権限を有する国と調整する必要がある，と規定している。最後に第3項で，カタルーニャにとって特別な重要性をもつ場合には，移民に関する国の決定に参画することができると記されている。

　いずれにせよ，自治権限の拡大・強化は，国会審議の場において国を始めとする種々の権力主体を相手とせざるを得ず，結局のところ持てる政治的資源と政治的交渉力とを最大限に発揮したところで，その成果は政治的諸力の合成結果として現われざるをえないのである。

　以上，カタルーニャが当初提出した憲章案は，新憲章として成立するまでに，その達成目標の水準をかなり後退させた。そこで，カタルーニャ新自治憲章の制定過程における政治的諸勢力の動向に目を転じてみるならば，政治的妥協を始めから見通して，意識的に要求水準を嵩上げしていた政治勢力が多数派であったが，真に高い目標の実現を目指していた勢力も同時に存在した。実際，カタルーニャ自治政府を構成していた3党のうち，もっとも急進的なカタルーニャ共和主義左翼党が憲章案の条文修正の過程で新憲章反対の

立場に移行したのは，その意味で当然であるといえる[15]。しかし，カタルーニャにおける政府与党連合の実質的解体を受けて 2006 年 11 月 1 日に行われた州議会選挙では，前回州議会選挙の結果と余り変わらない議会内勢力図が生じ，結局，再度 3 党による連合政権がカタルーニャ政治を担うことになった。この中で，カタルーニャ共和主義左翼党は新憲章賛成に転じ，その指導者の一人はカタルーニャ州議会議長を務めるに至った。

したがって，カタルーニャ内で新憲章に反対しているのは，以前と同じく国民党のみであり，新憲章は議会内多数派によって擁護されている。現在，中央政府は社労党が支配し，それと近い関係にあるカタルーニャ社会党がカタルーニャ自治州政府の首相を出しているので，この政治状況が続く限り，カタルーニャ新自治憲章を基軸とするカタルーニャ政治は安定を維持するであろう。

第 3 節　自治州体制形成の法的・政治的特徴

ところで，スペインにおける自治権国家の形成要因に関して，バルセロナ大学の憲法学教授エリセオ・アハ氏は次のような諸点を挙げている。それは (1) フランコ時代末期の権利回復運動，(2) 自治権体制確立直前期の昂揚，(3) 新憲法の一般的な規定，(4) 自治憲章の相次ぐ制定，(5) 国および自治州による立法，(6) 政治的協約，(7) 憲法裁判所の法解釈，(8) 諸政党の政治的方針，などである[16]。そして，当初，種々の選択肢が存在する余地のあった国家体制＝憲法規範が，時間の経過とともに次第に具体化され限定されていった，とも述べている[17]。そこで次に，現在のスペイン自治州体制が成立するまでの具体的な発展過程を振り返ってみたい。

まず自治州が確立されるのに先立って，前自治州体制が構築された。この

体制を形成することになったのは各県選出の上・下両院議員であり，彼らは地方(región)単位で国会議員会議を設け，この会議において仮自治州の首相が選任され，また彼により仮自治州政府の各省大臣が任命されることになった。政令法の制定によって相次いで仮自治州が誕生し，マドリード，カンタブリア（サンタンデル），ラ=リオハ（ログロニョ）の3県を除くスペイン全土が，まずは14の仮自治州に分割された。そしてこの体制は憲法制定をもってその使命を終えるものと考えられたが，実際には憲法制定後に実体化された自治州体制の原型となるものであった[18]。

1977年6月に実施されたフランコ独裁後の第1回自由選挙のあと，憲法制定議会が招集された。この議会において憲法起草委員会が設置され，全ての主要政党の代表者からなる起草委員たちの間で，憲法の諸領域にわたる条文の審議が行われた。この条文作成の過程では各政党間の妥協が計られ，全政党の間の合意形成が目指された。合意を旨とする憲法起草過程で，最大の難題となったのが地域・地方自治の問題であった。この問題に関しては，まず地方自治を要求する度合いが地域ごとに大きく異なること，次に地方自治体制をどのようなモデルに基づいて形成していくのかをめぐって，大きな意見の不一致が存在したこと，第3に地方利害を直接代表する地域主義政党と全国政党との間の発想の違い，それに，左右軸上のイデオロギー的対立を孕んだ政党間関係と政党自身の内部における不統一などが加わり，明確な輪郭をもった地方自治体制の明文規定を困難にしたのであった。憲法上，地方自治に関する詳細な規定を回避し，それを後日の政治的・立法的課題として先送りしたことは，政治的対立と混乱をまずは乗り越えて，憲法の制定と定着を優先したことを意味した。例えば，現行憲法中には自治州に関する具体的な地域区分の規定が存在しないが，このような点にも，無用の混乱を避けようとした憲法起草者たちの意図が窺われる[19]。また同様に，地方自治権を規定した憲法第8篇においても，一般的な内容の条文が多く，結局，その後の

自治憲章の制定と自治州財政組織法（LOFCA）のような国の一般法の整備とが，それに具体的な形態を与えることになった[20]。

地方自治体制の具体的形態を実現するためには，まず自治憲章の制定が必要となったわけだが，そのための手続き規定が憲法に設けられている。その手続き規定には第151条と第143条の2種類が存在し，カタルーニャ，バスク，ガリシアなど，地域主義・民族主義の伝統が長く「歴史的」と称される地域には第151条が，その他の地域には原則として第143条が適用されることになった。結果的にはアンダルシアとナバーラも前者の適用を受けたが，この2つの条文の違いは「歴史的」地域主義・民族主義にいち早く広範な権限を移譲する目的から出たものであった。

しかしその後，社会労働党と国民党との間で自治州の権限強化に関する合意が成立し，1992年に権限移譲組織法として立法化された。この法律によって自治州2グループの間の権限の格差是正が計られ，それに引き続いて，地方財政の拡充・強化，上院改革，そして自治州と欧州連合（EU）との間の関係の緊密化なども企図された。地方財政の問題は，93年に重要な改革がなされ，個人所得税の15％が自治州に移譲されることによって，一定の前進を見た。これを「〔国と自治州との間の〕財政共同責任の基準」（Criterios de corresponsabilidad fiscal）と呼んでいる[21]。

その後，1996年の国民党政権の成立後も自治州への権限移譲は継続され，その間，制定された国家一般行政施行組織法（LOFAGE）により，伝統的な県制度の下で絶大な権限をふるってきた知事職が廃止され，それに代わって各自治州に政府副代表委員（subdelegado del gobierno）が置かれるに至った。また財政に関しては，2001年7月に法律第21号によって，自治州の財政権がさらに拡充・強化され，移譲された税源に対する立法措置もより自由化された。そして，自治州に対する権限移譲は，まず1999年に10自治州への教育機関（大学を除く）の移管と，続く2001年末の保健・衛生事業のそれを

もって，実質上，完了した。

第4節　自治権国家の現在的地平

それでは次に，スペイン自治権国家の現在の特徴を，法制度的な観点から検討してみよう。

E. アハ氏は（1）硬性憲法，（2）憲法裁判所による合憲性の判定，そして他ならぬ（3）州憲法の3つをもって，連邦制システム下の自治を保障するメカニズムであると主張している[22]。

まず第1にスペインの現行憲法は，改正が非常に難しい「硬性」憲法であり，2つの改正手続きは国会（上・下両院）議員の5分の3と3分の2の多数を各々，要求している。この要件を満たすことは容易ではなく，少なくとも現在まで，これを可能とするような政党ないし政党連合は存在してこなかった。

また第2に連邦制国家においては，中央政府と州政府，州政府と州政府の間の権限紛争において，憲法裁判所が最終的な判断を下す機関として広く認識されている[23]。

次に第3に各州の憲法ないし自治憲章は，憲法と同様に，改正手続きを条文中に設けている。通常，自治憲章改正には，まず自治州議会で3分の2の多数を必要とし，さらに上・下両院での過半数をも必要とする。バスク，カタルーニャ，ガリシア，アンダルシアの4自治州においては，それらに加えて，州民投票の実施が義務づけられている[24]。したがって，国の制定する一般法により自治憲章を改正することはできないし，憲法と自治憲章との間に法が介在することもできないのである。もちろん，自治憲章は州法に優越する。

このように，自治州は現在のスペインにおいて国＝中央政府と並び立つ重要な政治的行為主体であるが，この両者間の複合的な諸関係をこれから検討していこう。

まず地方自治を実効たらしめるために重要な意味をもつのは，自治州の財政基盤である。スペインでは自治州体制が成立した初期の頃，国から移管された行政諸活動の実質経費額がそれに伴い移譲されたが，この方式の問題点が明らかになると，86年以降は自治州ごとに人口数，領域面積，相対的富裕度などの指標を考慮して，支出の必要性に基づいて算出されるようになった。さらに92年にはこの方式を推し進め，国の歳出に見合うよう，年ごとにその収入額を調整し，目的を限定されない財源も拡充した。94年には部分的に新しい基準が導入され，96年以降，それを充実させることによって，財政権をめぐる国と自治州との間の共同責任体制の確立が図られた。その後，国から自治州への財源移譲が一層進展するなかで，自治州体制の実質がますます確実なものとなってきている[25]。

さらに，以上述べてきたような国と自治州との間の縦の関係に加えて，自治州間の平等を実現しようという横の関係も重要視されており，地域間に存在する経済格差を縮小し，地域間の「連帯」を高めることを目的として，地域間補償基金(FCI)が設置されている。その対象地域は実際上，EUの構造基金地域開発目標1のそれと重なっており，1人当たり所得がEU加盟国平均の75％に満たない地域がそれに該当する。スペインにおけるその該当地域は，具体的に挙げればエストレマドゥーラ，アンダルシア，カスティーリャ＝ラ＝マンチャ，ガリシア，ムルシア，カナリアス，カスティーリャ＝イ＝レオン，バレンシア，アストゥリアス，カンタブリアである。さらにまた各自治州は，コミュニケーションと環境のインフラストラクチャー整備を主たる目的としたヨーロッパ結束基金の適用対象ともなっている。つまり自治州体制は，現在，スペイン国内における財源の確保のみならず，EUからの財

政補助をも当てにすることが可能となり，地域自治の財政基盤が一層堅固なものとなったのである[26]。

ところで，現在のヨーロッパにおける連邦制国家では，通常，連邦政府と各州との間で，またそれに加えて各州同士の間で，種々の政策調整に向けた協議機関が存在している。スペインの現在の自治州体制は，たとえばドイツの「連邦忠誠」（Bundestreue）に基づいた制度ほどには整備されていない。しかし，それでも部門別会議（Conferencias Sectoriales）という政府間の協議機関が設けられており，これは中央政府と自治州政府の閣僚が各担当部門別に設置した機関である。この部門別会議は憲法の条文中には規定されておらず，1980年代終わり頃から散発的に設置されたものである。それ故に，中央政府と自治州政府との間の関係の緩さを，E. アハ氏はスペイン自治州体制の最も脆弱な要因であると論じている[27]。

また中央政府と自治州政府との間の関係に加えて，地域代表の議会としての上院が重要な役割を果たすことが期待されていたが，現行の制度では議員の選出方式が地域代表となっておらず，加えて憲法第90条に定められているように下院優位の原則が確立されているので，そのような機能を果たせないでいる[28]。そこで1980年代終わり頃から，上院改革に向けての具体的な試みが行われるようになった。87年，89年と相次いで改革案が提示され，94年の上院規則改革運動でその頂点に達した。計画では，この改革により，上院内に「自治州一般委員会」が設けられ，自治州間および自治州−国家間の意見調整を図るものとされたが，結局，実現されることなく終わった[29]。その後，上院改革の気運が再度盛り上がりを見せていることは，既に「はじめに」で述べた通りである。

おわりに——自治権国家と補完性原理

　ところで，近時，統治形態の民主化を目指す原理として，補完性（subsidiarity〔英〕，subsidiariedad〔西〕）の原則という教理が唱えられるようになった。この補完性の原則とは，簡単にいえば，最小自治体優先主義を意味する用語であり，最小政治単位の政治共同体の意思決定権を尊重し，上位単位による介入を最小限に止めようとするもので，1992年，欧州連合（マーストリヒト）条約の第3条B項に盛られているものである。もともとはカトリック系の思想に基づくものとされ，国権の恣意的な行使を抑止し，住民の自由な意思決定の拡大を意図したものであった。その意味では，民主政治のあり方を示す1つの指針であると評価することができよう。事実，最近ではEU加盟国のなかで，この原則を憲法の条文として導入する例も現われ，今後の国家のあり方に大きな影響を与えるものと思われている[30]。そこで本稿の締め括りとして，スペインにおける現在の自治権国家と補完性原理との間の関係に触れ，自治権国家の孕む問題性に言及してみよう。

　まず，そもそも現行のスペイン国家体制では，憲法の規定からしても地域自治の中心主体は自治州であり，その下位単位である県（provincia）と市町村（municipio）は権限も限定され，地方団体（corporación local）と呼ばれている。憲法中，県に関しては第141条に，市町村に関しては第140条に，そして両者を含む地方団体の財政に関しては第142条に規定があり，県，市町村に自治州を加えた国家統治の3層構造に関しては，第137条に一般的規定が存在する。現行憲法の下では，1833年以来，統治機構の重要な要となってきた県の権限が大幅に縮小された反面，新しい機関である自治州がそれに代わり，枢要な役割を果たす存在となった。しかも自治州は，かつての県とは異なり広範な自治権を有するに至っており，それに加えて憲法第141条第

3項にあるように，県とは異なる行政単位を形成することが可能になったので，県知事制度の廃止と相俟って，機能上，県独自の性格は失われたと見ることもできよう[31]。特にカタルーニャにおいては，旧憲章第5条第1項で，また新憲章第83条第2項および第92条で，県とは別種のコマルカ（comarca）という下位組織を設けて，より柔軟な統治構造を構築しようとしてきた。

　しかし，新しい制度・機関を創設しようというこのような動きの裏には，たえず政治的な利害・思惑が潜んでいるものであり，実際，カタルーニャ自治政府がそのような方針を打ち出した背景には，国の組織の系列下にある県の機能を弱めて，カタルーニャ自治州の地域政治を国の統制から引き離そうと企図する自治政府の姿勢が見てとれる[32]。結果的にこの目論見は達成されなかったが，自治権を拡大しようという自治政府の一貫した態度は，これまでも国との間で多くの法的係争事件を引き起こしてきた。自治州体制が確立されて以来，権限を巡って国と自治州との間に起こされた争訟事件のほとんどで，カタルーニャとバスクの両自治州が原告ないし被告の立場に立っていることは，既に見た通りである。

　それが今度は，カタルーニャ自治州内で形を変えて再現しているのである。具体的には，コマルカ創設（というよりは再設）と県機能の弱体化を画策する自治政府と国との間の対立に加えて，特にバルセロナ県とバルセロナ市を政治的な拠点とする左派勢力・カタルーニャ社会党（そしてその背後に控えるスペイン社会労働党）と自治政府との間の対立など，政治的主導権と影響力の維持・拡大を目指す政治勢力間の熾烈な闘争が，その裏に潜んでいたのである。しかも1993年以降は，中央政府のレベルで社会労働党政権にカタルーニャ自治政府の与党「集中と統一」が直接参加していた訳で，事は複雑である。ただ第1節で既に述べた通り，2003年のカタルーニャ自治州議会選挙で初めて「集中と統一」が野に下ることになり，カタルーニャ社会

党，カタルーニャ共和主義左翼党，カタルーニャ・イニシアティブ・緑の3党による連立政権として自治政府が形成された後は，事情は大きく変わったと考えられる。国―自治州―県―市町村のラインが再確認され，同質的な政策目標が実現されやすい環境条件が以前にも増して整備されたからである。

その意味では，これまで市民的自治の基盤を涵養することに熱意を示してきたカタルーニャ社会党以下の諸勢力が，新自治憲章の条文にも盛られた補完性の原則を[33]，今後，どの程度にまで実現・強化することができるのか，彼らの力量が問われることになるであろう[34]。因みに，補完性の原則をめぐる論争では，言語を含む文化政策におけるEUの権限拡大を忌避する動きが強まっており，これはEUが推進する経済的・政治的統合に対する文化的・社会的独自性の擁護という立場から主張されている。経済的共通化の拡大・強化がもたらす文化的平準化に対して，構成各国は強い抵抗感を示し，自らの存在感（アイデンティティ）を死守しようとするのである[35]。EUの拡大と深化は，同時にEU内における矛盾構造の拡大と深化を生みださざるを得ないのである。補完性原理とは，それ故，このような矛盾を解決するための，1つの手法なのかもしれない。しかし，その結果，政治的象徴と化した同原理は，色々な政治的利害と思惑に絡めとられ，多義的で曖昧な原理とならざるを得なくなったのである。

1) ここで初めに断っておかなくてはならないが，自治州は憲法第143条第1項の規定により，必置機関ではない。よって，自治州の設立は県，島嶼の自由意思に基づくものである。1978年憲法の条文，およびその逐条解釈に関しては，Laura y Ramón Tamames, *Introducción a la Constitución española*, Alianza Ed., Madrid, 1.ª ed. revisada en «Área de conocimiento: Ciencias sociales», 2003 を参照。
2) 例えば，Josep M.ª Castellà, *La función constitucional del Estatuto de Autonomía de Cataluña*, Genaralitat de Catalunya, Barcelona, 2004, pp. 219-220 を参照。
3) 2001年のイタリア憲法改正以後，国家構造における種々の類似性をもとに，イタリアとスペインとの間の制度比較がなされるようになった。イタリア研究者の

間では，イタリアの連邦化に対する懐疑論が展開されているが，スペインに関しては，大方の意見は連邦制の実態を有しているという点で，一致しているようである。

4) 17の自治州間の権限格差を縮小しようとする試みは，まず1981年の「自治権協約」(Pactos Autonómicos) と，11年後の92年における「自治権協定」(Acuerdos Autonómicos) などによって実現された。しかし，このような政策に対しては，自治権拡大をさらに要求する一部地域あるいは勢力から，「全員にコーヒーを」(café para todos) 政策，つまり悪平等を生みだす政策として，批判の対象とされている。

5) 国と自治州との間の紛争件数に関しては，Eliseo Aja, *El Estado Autonómico: Federalismo y Hechos Diferenciales*, Alianza Ed., Madrid, 2ª. ed. 2003, p. 155, Figura 8 を参照。

6) スペイン憲法裁判所の制度に関しては，E. Aja, *op. cit*., pp. 147-158, および Santiago A. Roura, *Federalismo y Justicia Constitucional en la Constitución Española de 1978*, Ed. Biblioteca Nueva, Madrid, 2003 の第2章と第3章を参照。カタルーニャ自治州議会の法的諮問機関である諮問評議会の評議員である元憲法裁判所判事ブレイ (Joaquim Borrell) 氏によれば，憲法裁判所の判決が時に最高裁判所の判断と異なる場合があり，特に刑事事件を巡って問題が生じやすいとのことであった。(インタビュー，2008年2月8日) 事実，最高裁の判決に憲法裁判所が逆転判決を下したことに対して，最高裁の刑事法廷が抗議文書を提出する事件が発生し，両者間の関係の明確化が改めて必要とされた。(*El Mundo*, 2008. 2. 27)

7) なかでも特に憲法の総則に当たる部分の改正には，厳格な条件を満たすことが要求されている。例えば，スペイン国憲法第10篇内の第166条から第169条にかけての条文を参照されたい。また，E. Aja, *op. cit*., pp. 313-314 も参照。

8) J. M.ª Castellà, Catalonia's 2006 Statute of Autonomy: Expanding Self-Government and Reforming the Spanish Autonomic State, Lecture 30 June 2007, Chuo University, Tokyo, pp. 12-13.

9) Jaime Ignacio del Burgo, *Jaque a la Constitución: De la propuesta soberanista de CIU al federalismo asimétrico de Maragall*, Eds. Académicas, Madrid, 2003, pp. 183-237 に，当提案の全文が転載されている。

10) *Ibid.*, pp. 241-249 に，当基本原則の全文が転載されている。

11) 2003年カタルーニャ州議会選挙に関しては，Francesc Pallarés y Jordi Muñoz, Las elecciones autonómicas de 16 de noviembre de 2003 en Catalunya, in *El Informe CC. AA. 2003*, Instituto de Derecho Público, Barcelona, 2004, および Francesc Pallarès, Josep

第 1 章　スペイン自治権国家の実態と変容　23

Gifreu y Arantxa Capdevila (eds.), *De Pujol a Maragall: Comunicació Política i Comportament Electoral a les Eleccions Catalanes de 2003*, Documenta Universitaria, Barcelona, 2007 を参照。

12) 当初カタルーニャ新自治憲章案は *Proposta de nou Estatut de Catalunya: Text aprovat pel Parlament de Catalunya 30 de setembre de 2005* (Departament de Relacions Internacionals i Participació, Barcelona, 2006) を，新憲章は *Estatut d'Autonomia de Catalunya 2006* (Generalitat de Catalunya, Barcelona, 2006) を参照。

13) 憲法第 150 条（立法権限の調整）第 2 項の条文は以下の通り。
「その固有の性格により，移譲または委任されうる国所管の事項に関連する権限は，組織法〔の制定〕により，国は自治州に移譲または委任できる。〔組織〕法はその都度，財政手段（medios）のしかるべき移譲を期するとともに，国に留保される統制手段（formas）を設ける」。

14) 因みに，1979 年に制定された最初のカタルーニャ自治憲章は 57 カ条からなり，それに追加規定と移行規定が付加されている。

15) カタルーニャ自治州における最近 30 年間，即ちフランコ独裁後，1977 年に実施された第 1 回総選挙以降，現在に至るまでの期間における政党および政党政治の展開に関しては，John Etherington and Ana-Mar Fernández, Political Parties in Catalonia, in David Hanley and John Loughlin (eds.), *Spanish Political Parties*, Univ. of Wales Pr., Cardiff, 2006, pp. 74-107 を参照。本書は，国民党，社労党の 2 大全国政党に加えて，「歴史的」と称されるカタルーニャ，バスク，ガリシアの 3 自治州における政党政治を分析対象とし，歴史的背景，政党構造と党員構成，党のイデオロギー，選挙結果，自治権に関する党の政策，EU との関係などの項目を共通の軸として，論述されている。

16) E. Aja, *op. cit.*, p. 95.

17) *Ibid*.

18) *Ibid*., pp. 61-62.

19) *Ibid*., p. 63.

20) *Ibid*., pp. 67-68.

21) *Ibid*., p. 84. その後，2001 年に国と全自治州との間で結ばれた協定に基づき，財政金融政策評議会において政策決定が行われることになった。(J. M.ª Castellà, El nuevo Estatuto de autonomía de Cataluña, in Gianmario Demuro (ed.), *L'Autonomia Positiva: Proposte per un nuovo Statuto della Sardegna*, Aìsara, Cagliari, 2007, pp. 155-156)

22) E. Aja, *op. cit.*, p. 97.

23）憲法裁判所の機能に関しては，Juan José González Rivas, *La Interpretación de la Constitución por el Tribunal Constitucional (1980-2005)*, Ed. Aranzadi, Navarra, 2005 が詳しい。また地方自治研究所（Institut d'Estudis Autonòmics）所長で元憲法裁判所判事ビベ・イ・ピスニェ（Carles Viver i Pi-Sunyer）氏と研究員カベーリョス（Miguel Angel Cabellos）氏は，現在審理中のカタルーニャ新自治憲章に対する憲法判断が年内に下されるであろうとし，憲法裁判所によるこの決定がカタルーニャの自治のみならず，自治権国家の将来に大きな影響を与えるであろうと評した。（インタビュー，2008年2月12日）

24）E. Aja, *op. cit.*, p. 101.

25）*Ibid.*, pp. 144-145.

26）*Ibid.*, p. 146, Figura 7 を参照。

27）*Ibid.*, p. 162.

28）*Ibid.*, p. 163. 例えば，上院は首相選出に関与できず，また政府不信任決議案を提出することもできない。

29）J. M.ª Castellà, The Spanish Senate after 28 Years of Constitutional Experience. Proposals for Reform, in J. Luther, P. Passaglia and R. Tarchi (eds.), *A World of Second Chambers: Handbook for Constitutional Studies on Bicameralism*, Giuffrè Ed., Milano, 2006, pp. 899-901.

30）EC・EU法研究者の中村民雄氏は，本来は構成国が全面的に保持していた立法権が，EC設立に伴い，構成国とECとで配分されたことになるとし，故に構成国からすれば，どこまでがECの行使できる権限なのかを明確にして，国家の統治権力の侵奪を阻止すべきだという立憲的な関心が生じると述べて，このような観点から2004年のEU「憲法条約」調印を解説しようとしている。氏によれば，EC条約に明文がないままEC統合の基本原則を欧州司法裁判所が「解釈」により積極的に補充してきたので，構成諸国としては，ECを含むEUの統治規範をいっそう明確にして，自律的解釈の余地を縮減する必要があったとする。

　このような必要性と，立憲的かつ民主的なEC・EU統治を充実させるべきだという理念的要求に対応して，「憲法条約」では，次のような改革が示されていたという。

①EUの目的，運営の大原則，EU諸国・市民の共有価値の明示。基本権・人権保障規定の明文化。

②EUと構成国の間の立法権限の配分の明確化。

③構成国の統治権力の実質的侵奪を防止するために，EUによる「補完性原理」違反がないかを各国議会が実効的に監視する制度を設ける。

④EU 司法権が EC だけでなく，とくに現 EU の第 3 の柱（警察・刑事司法協力分野）にも及ぶようにする。
⑤EU 立法における「共同決定手続」を「通常立法手続」と位置づけ，欧州議会の EU 立法関与を原則とする。
⑥EU 次元の EU 閣僚理事会での政府間合意について，立法的合意とそれ以外を区別し，立法的合意については，各国議会の行政部統制が実効的にできるように評議公開の原則を徹底する。
⑦複数国の 100 万人以上の EU 市民の署名による立法提案制度を設ける。
（以上，中村民雄「EU「憲法」の理念と現実」『世界と議会』2007 年 10 月号，20～22 頁から，一部手直しをしつつ引用）

本稿で問題としている補完性の原則に直接係わってくるのは，これら 7 項目のうちの②と③であるが，EU，構成諸国，各国市民の主要 3 主体から構成される三角形の力学関係の上に，補完性原理の具体的適用が見られるであろう。つまり，政治的決着が補完性原理の具体化には必要とされる，ということである。

「むしろ現在の国民国家を存続させつつ，それが現実政治において十分に統治能力を果たせなくなった事項について EU 次元の共同体統治に移管して，各国の現実の統治能力を補完する体制をつくろうとしている」（中村，前出，23 頁）という評言が妥当であるとしても，明文化された権限の解釈と運用をめぐっても EU と構成各国との間で紛争が発生するであろうことは，スペイン国内における国と自治州との間の争訟が多発してきたことからも，容易に推測できる。スペインの場合には憲法裁判所が権威ある判定権者であり仲裁機関であったし，現在でもそうあり続けているが，EU と構成国との間には厳格な意味でこれに該当する機関は存在しないと考えられる。なぜならば，一国内における国と地方（地域）との間の権限紛争は主権という閉じられたシステムの中で展開されるのに対比して，「EU は，構成諸国と域内市民との共同体として発展し続けている。それは統治権限を各国次元と EU 次元に配分する連邦方式をとるものの，EU はあくまでも国家ではない，新種の越境的統合体である」（中村，前出，23 頁）とすれば，欧州司法裁判所の下す判決にこれまで認知されてきたような法的正統性を与えることが可能なのか，という問題が出てくるのではあるまいか。

31）憲法第 141 条第 3 項の条文は以下の通り。「県とは異なる市町村の集合体（agrupaciones）を形成することは可能である」
32）自治州体制が確立された後のカタルーニャにおける地域政策とその問題点に関しては，Mayte Salvador Crespo, *La autonomía provincial en el sistema constitucional español*, Instituto Nacional de Administración Pública, Barcelona, 2007, esp. pp. 300–

303,および竹中克行「カタルーニャにおける地域行政の構築をめぐる諸問題」『地域研究』第7巻第2号,2006年,所収の,特に324-338頁を参照されたい。
33) カタルーニャ新自治憲章,第6篇「地域政府」の第1章「地域組織」の中の第84条第3項に,補完性の原則への言及がある。条文は以下の通り。「〔本条〕第2項で挙げている諸事項に係わる行政責任の,各種地域行政機関への配分に関しては,その実行能力に配慮しなければならず,また〔州〕議会で可決された法に,地域自治に関してEU憲章が打ち立てた原理に基づいた補完性の原則に,市町村の現実が呈する諸特徴に基づく差異化の原則に,および財政充足(suficiència financera)の原則に,したがう」
34) この際,重要な意味を持つことになるスペインの基礎自治体の特徴については,Jaume Magre Ferran and Xavier Bertrana Horta, Municipal Presidentialism and Democratic Consolidation in Spain, in Rikke Berg and Nirmala Rao (eds.), *Transforming Local Political Leadership*, Palgrave, 2005, pp. 80-81, pp. 83-84 を参照。当論稿では,自治体政治の専門職化と他国と比べても長い市町村長在任期間,および自治体政治エリート層の固定化などが指摘されている。また先に紹介したカタルーニャの諮問評議会の評議員であるタラゴナ大学教授ベルネト(Jaume Vernet)氏によれば,基礎自治体である市町村(ムニシピオ)の合併が進まず,フランスと同様にその数が多いということが,地方行政にとって重要な問題の1つになっているという。(インタビュー,2008年2月4日)この点については,Ernesto Carrillo, El gobierno y la administración local en el estado de las autonomías, in Robert Agranoff y Rafael Bañón i Martínez (Eds.), *El Estado de las Autonomías, ¿Hacia un Nuevo Federalismo?*, Instituto Vasco de Administración Pública, Bilbao, 1998, pp. 196-197 をも参照。
35) この点に関しては,Bruno de Witte, Regional autonomy, cultural diversity and European integration: the experience of Spain and Belgium, in Sergio Ortino, Mitja Žagar and Vojtech Mastny (eds.), *The changing faces of federalism: Institutional reconfiguration in Europe from East to West*, Manchester Univ. Pr., 2005, pp. 218-222 を参照。

参考資料

17自治州	人口
カタルーニャ	6,995,206
アンダルシア	7,849,799
マドリード	5,964,143
バレンシア	4,692,449
ガリシア	2,762,198
カスティーリャ=イ=レオン	2,510,849
バスク	2,124,846
カスティーリャ=ラ=マンチャ	1,894,667
カナリアス	1,968,280
アラゴン	1,269,027
エストレマドゥーラ	1,083,879
アストゥリアス	1,076,635
ムルシア	1,335,792
ナバーラ	593,472
バレアレス	983,131
カンタブリア	562,309
ラ=リオハ	301,084

出所：*El País*, 2006.1.20.

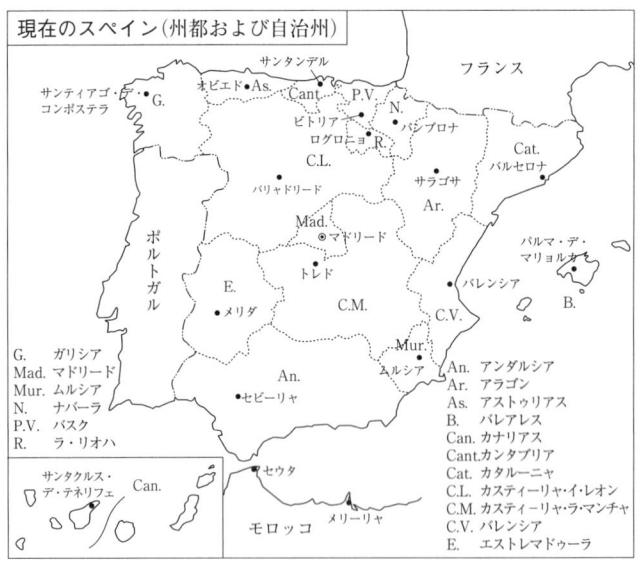

1833年以降のスペイン（県都および地方）

- L. レオン
- M. ムルシア
- N. ナバーラ
- P.V. バスク
- V. バレンシア
- An. アンダルシア
- Ar. アラゴン
- As. アストゥリアス
- B. バレアレス
- Can. カナリアス
- Cat. カタルーニャ
- C.N. 新カスティーリャ
- C.V. 旧カスティーリャ
- E. エストレマドゥーラ
- G. ガリシア

現在のスペイン（州都および自治州）

- G. ガリシア
- Mad. マドリード
- Mur. ムルシア
- N. ナバーラ
- P.V. バスク
- R. ラ・リオハ
- An. アンダルシア
- Ar. アラゴン
- As. アストゥリアス
- B. バレアレス
- Can. カナリアス
- Cant カンタブリア
- Cat. カタルーニャ
- C.L. カスティーリャ・イ・レオン
- C.M. カスティーリャ・ラ・マンチャ
- C.V. バレンシア
- E. エストレマドゥーラ

第2章　ドイツにおける連邦制改革の現状
　　　──第52次基本法改正によせて

山　田　　　徹

はじめに

　ドイツの憲法にあたる基本法は，2006年6月末から7月初旬にかけて，連邦議会と連邦参議院でそれぞれ法定の3分の2以上の多数の票を得て改正された。この改正は戦後におけるもっとも包括的な改正であり，これに次ぐ規模の69年の改正も今回と同様に大連合内閣の下でなされた。この2つの改革は幾つかの点で対応しており，それはこの間のドイツの連邦制を取り巻く環境の変化とこれへの適応の困難さとを示している。60年代後半の改革では，ケインズ主義的経済運営の実現と福祉国家の拡充が目指されたが，これに対し，とりわけ統一後の90年代に陥った経済的手詰まり状況と福祉国家の制度的見直し，そして他面では進行する欧州統合と国内の地域化の流れが，連邦制の改革を不可避の課題としたのである。本稿は，今回の基本法改正の内容を紹介し，それらを上記の政治的変容の中に位置づけるとともに，その若干の評価を行うことを目的としている。ドイツの連邦制は，歴史的な「経路依存性」からも，また関係する諸アクターの錯雑さからも，改革の困難ないしは「漸進性」（P. J. カッツェンシュタイン）がかねてから指摘されてきた。それにもかかわらず，後述の連邦制改革委員会での論議の思わざる

挫折後に、メルケル大連合内閣の下で慌しく進められた今回の改革劇は、その緊急の必要性を物語っている。レームブルッフが指摘する、連邦の制度的枠組みと政党間競合の「不斉合」と関連させていえば、今回の改革では、後者の政党間競合は大連合という形でひとまず回避され、前者の制度改革が、政権成立時の連合協定の内容をほぼ踏襲する形でなされたのであった。

以下の論稿では、まずドイツにおける連邦制の特質と、特に60年代末以降の政治的環境の変化、およびそこから生まれる改革の必要性を論じた後に、今回の改革の内容を検討して、その若干の評価を行うこととしたい。この改革は、州領域の再編と財政調整という困難な問題が先送りされてその意味で未完であり、したがって本稿は、これから始まるドイツの全般的な連邦制改革の中間報告ということになるであろう。また以下の稿では、いわゆる「ヨーロッパ適格性」(Europatauglichkeit)をはじめとする基本法内のEU関連条項は、紙幅上の制約から省略することとし[1]、国内の連邦制構造の改革を中心として論を進める。EU関係の改正についての論考は、また他日を期すことにしたい。

第1節　ドイツ連邦制の構造とその諸問題

1. 構　造

最初に、今回の基本法改正の理解の前提となる、ドイツの連邦制の制度的な特質を簡単に説明しよう。よく知られるように、ドイツ憲法学の泰斗であるヘッセは、1963年に同国の連邦制の特質を「単一制的な連邦制国家」(unitarischer Bundesstaat)と規定した[2]。これは、連邦と州の関係が連邦主導の下に単一制化する傾向を示したものだが、一般にこの国の連邦制は、特に60年代の半ばからは連邦と州および州相互の間の関係が緊密な「協調的連

邦制」とされ，またそこでは，それと不可分な形で「政治的錯綜」(Politikverflechtung) と呼ばれる現象が生まれていた。

　ドイツの連邦制で最初にみるべき点は，立法における連邦と州の権限配分の問題である。他の連邦制国家と同様に，ドイツの基本法でも連邦が専属的立法権をもつ事項は限定的に列挙されているが（第71，73条），連邦と州の立法権については，双方の競合的立法権（第72，74，74a条）と連邦の大綱的立法権（第75条）が定められた。前者では，「連邦が法律で立法権を行使しない間およびその限りで」州が立法権をもち，また後者は，連邦が州の立法のための大綱的規定を定めるものである。残余の立法権を州がもつことは連邦制の常態の通りだが，問題は競合的立法権のほとんどを連邦がもち，大綱的立法でも連邦がその詳細を規定する傾向が強いことである。このため，州の立法権が大きく限定されて州議会の果たす役割は乏しく，その点は改革をめぐる議論の中で多くの論者から指摘されてきた。

　第2に連邦参議院の構成と立法過程での機能の問題がある。ドイツの連邦制の独特のあり方として，参議院のメンバーは，選挙か州議会の選出を経る"Senate"方式ではなく，州政府の代表者で構成される。（第51条）彼らは州首相と有力閣僚や事務次官などで，州ごとの構成員数は大まかな人口比例配分で決められる。これは第2帝政以来の帝国参議院のあり方に由来し，制度が歴史的に規定される代表例の1つである。次いで，連邦法の立法過程では，参議院は法案が州の権限に関わる条項を含む場合は同意を与える必要があり，そうでない場合は異議を申し立てることができる。両院の意思が異なるときは，双方の同数のメンバーから成る両院協議会を設けて妥協が図られるが，その後の連邦議会の可決後も連邦参議院の同意が得られない場合は，法案は廃案となる。（異議の場合は省略）問題は連邦参議院の同意を要する法律が増加の一途を辿っていることだが，この点は後の部分で説明する。両院協議会の開催の頻度も高く，この協議会が「蝶番か超議会か」と評される

ところでもある³⁾。とりわけ前者の問題は，今回の改正劇での最大の焦点の1つとなった。

　第3に指摘すべき点は立法府と行政府の関係である。ドイツの連邦制の大きな特徴は，連邦法の執行が，連邦固有事務と州への委任事務を除き，州の行政府でその固有事務としてなされることである。これもまた第2帝政のビスマルク憲法に由来するもので，「執行連邦制」(Exekutivföderalismus) とも称されるドイツの連邦制はこの伝統を継承しており，アメリカやスイスのように連邦と州がそれぞれセットで立法・行政・司法権をもつ場合とは異なっている。

　第4に連邦制の制度的核心の1つとして財政問題があるが，1点だけ述べておくと，ドイツの財政制度では上記の制度とも関連して財政調整制度の果たす役割が重要である。即ち州での連邦法の執行は全国で統一的に行う必要があり，州の財政力は財政調整を通してなるべく平準化されなければならない。この財政調整には主として，連邦と州の間の垂直的な調整と州間の水平的なそれがあるが，2001年の新財政調整法では，弱体な東州への援助の継続と，各州財政の「自立性」をより強めることが規定された。財政調整をめぐる抜本的な改革は，その複雑さの故に，公式には東5州向けの連帯協定が終了する2019年度までは凍結するとされ，今回での改正は見送られた。この凍結がどの時点まで実際に続くかは定かでないが，今回の財政制度の改革は最小限のものにとどめられたのである。

　最後に，94年に改正された第23条をめぐるいわゆるヨーロッパ条項の問題があるが，これは本稿の対象からは外れるので言及を避けたい。有力州の発言力が比較的強いEU関連の条項は，今回の改革の過程でも多くの議論が費やされたが，最終的には，EUに関わる連邦と州の財政責任の問題などで最低限の合意が得られるにとどまったのである。

　以上でドイツの連邦制の制度的な大枠をみたものとし，次に，それらを横

断する問題点として，政治的錯綜という現象を検討することにしよう。というのは，今回の改正劇では，この問題からの脱却を図るための「脱錯綜化」(Entflechtung) という言葉が，最も重要でかつ最も頻繁に使用される言葉になったからである。

2. 政治的錯綜の問題

　前項で言及した，ヘッセのいう「単一制的な連邦制国家」への趨勢は60～70年代に進行したが，特に，69年5月の第21次基本法改正に基づく財政改革と連邦・州の共同任務制の導入はこれを促進させ，あるいは既にあったその流れを追認した。そしてこの過程で早くから注目されたのが，政治的錯綜と呼ばれる現象であり，またその概念であった。ただ，これには価値中立的で分析的な概念と，より政治的なそれとがあり，以下ではその区別にも留意しながら叙述を進めたい。

　さて，ドイツの基本法では，連邦と州の行政権限の配分とその財政的な裏付けは明記されていたが，なお帰属が明確でない任務も復興の初期から存在し，また60年代に連邦制の単一制化の傾向が進むと，基本法の規定と「憲法現実」の間の乖離はさらに拡がった。69年の基本法改正は，連邦・州・市町村間のそれらの配分を当時の状況に適合させ明確化することを目的としており，その主要点は，①共同税（所得税，法人税）の配分再編とこれへの付加価値税の追加，および②共同任務といわゆる「混合財政」(Mischfinanzierung) の導入だったが，このうち政治的錯綜の議論と直接関わるのは後者の問題であった。

　共同任務は新設の第91a条と第91b条で定められたもので，前者は州の任務のうち，全体のために重要性をもつものは連邦が協力するとし，その具体的な分野（大学の拡充・新設，地域的経済構造，農業構造および沿岸保護の改善）を挙げるとともに，連邦・州間の財政負担の割合を規定した。後者

は,教育計画と「地域の枠を超えた意義をもつ」研究の施設・計画に関し,双方が共同の任務として協力することを定め,その財政負担は法律で規定した。また混合財政とは,上記の共同任務での財政協力の他に,第104条第4項で定める「財政援助」を指し,これは経済全体の均衡・調整と促進を図るために,州と市町村の特に重要な投資に連邦が財政援助を与えるものであった。それらの規定は,連邦・州間の協働関係を定める第3の領域として,当初は高く評価されたのである。

政治的錯綜という言葉がとりわけ注目されるようになったのは,76年にシャルプフらの同名の書が出てからだが[4],同書はこの領域での代表的な著作であって,「連邦制の経済理論」に基づき,ドイツ連邦制のタテ,ヨコの決定構造の分化とそれを架橋する決定と権限,および財政上の錯綜を分析した。本稿ではシャルプフらの晦渋な定義は避け,現行の連邦政治教育センターの説明を引用すると[5],政治的錯綜とは,協調的連邦制における国家アクターの協調の枠組みの中での,「交差する権限と,調整・取決めおよび公式,非公式の共同決定と参加の絡み合い」を指し,これが,行政,政党ネットワーク,行政府と立法府の協調,共同任務,連邦・州間の協定と計画の諸領域でみられる,とされ,また連邦制にとっての利点と不利点がともに指摘された。

これに対し,90年代からは政治家やマス・メディアなどが,政治的錯綜という言葉を,ドイツの連邦制の制度的欠陥を総称する形で用いるようになった。ここでは,既述の立法と執行における権限・財政の錯綜と共同任務・混合財政の問題の他に,連邦法の立法過程における連邦議会・参議院での決定錯綜が問題とされ,特に両院での多数派関係の相違から生じる捩れと政策決定の遅れとが論難されるようになった。それらは今回の連邦制改革の直接の対象となるものであり,そして,この政治的錯綜からの脱却を図る改革のキーワードとして,最も重要なものの1つが脱錯綜化という言葉であっ

たのである。

　以上，ドイツの連邦制の構造的な特質とその問題点を概略的に説明したが，次に連邦制改革の議論を，時代をやや遡って70年代の中期から簡単に追うことにしよう。

第2節　基本法の改正へ

1. 改正論議の沿革

　連邦制改革をめぐる論議は，上記の改革後も70年代に引き継がれ，ブラント首相の時代には連邦議会で「憲法改正調査委員会」が設置された。同委は76年に最終報告を発表したが，この時は2大政党間の対立により両院で改正に必要な多数は生まれず，改革の気運はブラントの退陣とともに後退した。次いでこの問題をめぐる議論は，80年代の半ばからEUの再活性化などを背景として復活し，ドイツの統一を機に新たな段階を迎えた。東西ドイツの統一条約はその第5条で，基本法改正を2年以内に着手することを定めており，これを受けて，連邦の両議院は92年に「連邦議会・連邦参議院合同憲法委員会」を発足させた。同委の報告を基にした翌年の基本法改正は，国家目標の追加や第23条での欧州条項の新設を中心としているが，これについては他に論稿があるので省略したい[6]。上の改正によって，ドイツ統一と欧州統合という歴史的変動に対する基本法上の適応は一応は落着した。

　しかしながら統一後に陥ったドイツ経済の不振と，グローバル化や欧州統合に伴う国際的な経済力競争の激化は，政策決定の緩慢さと立ち遅れを関係者に痛感させた。また欧州統合後の権限の縮小を危惧する州政府の姿勢が，改めて連邦・州間の権限配分と財政の再編を迫ることとなり，基本法改正は再び大きな争点になったのである。

改革の論議が本格的になされるようになったのは，98年のシュレーダー政権成立の前後からだが，この頃になると，「協調的連邦制」と対比され，有力州が競争力強化を訴える「競争的連邦制」を主張する論議が際立つようになった。しかし幾つもの改革案が出る中で，政治運営の非能率性と責任所在の不明確さ，官僚への過度の依存等，総じてドイツ版「民主主義の赤字」への積年の批判が噴出し，東州を含む非有力州も改革の必要性を認めざるをえなくなった。その結果，連邦と諸州の政府は03年の春までに双方の立場を表明することで一致し，3月末にまず州首相会議が「連邦との交渉の指針」という文書を採択し，次いで4月初頭には連邦政府もその立場を定式化した。さらに7月には，社会民主党（SPD）とキリスト教民主同盟／キリスト教社会同盟（CDU / CSU）の二大政党が秋に両院の合同委員会を設置することを決定し，ここに基本法改正をめぐる動きが本格化したのである[7]。

　今回の基本法改正には，いま1つの重要な背景がある。それは連邦・州間の立法権限の配分に関する，連邦憲法裁判所の2000年代の一連の判決である。以下，この点をみておく[8]。

　一般にドイツの連邦制が単一制化の傾向をたどった時代は，連邦憲法裁はこの傾向に寛容だった，といわれる。ところで既出の競合的立法の分野で連邦がほとんどの立法権をもった有力な根拠として，基本法第72条第2項の規定が存在した。同項はこの分野で連邦が立法権をもちうる条件を定めたが，特に3号ではその条件を，法と経済の統一性の維持と，1州の領域を超える「生活関係の統一」（Einheitlichkeit）の維持に必要なことと定めた。そしてこの点で連邦憲法裁は，従来はその法的判断をほぼ連邦の立法機関に委ねてきたのである。この状況を変えたのが94年の基本法改正であって，ごく簡単に述べると，新たな同条第2項は，上記の文言を全国での「等価的な（gleichwertig）生活関係」と修正して，連邦立法権の条件を厳格化する可能性をもたせた。（いわゆる「必要性条項」〔Erforderlichkeitsklause〕）またこ

の条項は，連邦憲法裁の管轄権を新たに補充した第93条第1項2a号とセットになっており，同号は，競合的，大綱的立法の分野での連邦立法権の条件に関し，連邦憲法裁による「州権限への司法的保護の可能性」(Justiziabilität) を明記したのである。

この改正後も連邦憲法裁は容易にその判断を示さなかったが，ようやく02年10月に介護法をめぐる判決でこれを提示した。同判決は「等価的な生活関係」の基準を厳格に解釈し，連邦法の規定が必要なのは「諸州における生活関係が連邦国家的社会構成を著しく損なう仕方で相互に切り離されて発展し，またはそのような発展が具体的な形で際立つ」場合に限るとして，初めて州の立法権に親和的な判断を示したのである。その後連邦憲法裁は，後出の連邦制委員会での審議と並行して一連の判決を出したが，それらはやはり州側に「友好的」であった。この点は後に述べるが，以上の一連の判決につき，シュマールは「連邦憲法裁判所が連邦制改革への重大な舵切りを行った」と評価している。

2. 連邦制委員会の発足

以上のような改正論議の高まりを受けて，2003年10月に連邦議会と連邦参議院で設置が決定されたのが，「連邦制国家秩序現代化のための連邦議会と連邦参議院の委員会」(Kommission von Bundestag und Bundesrat zur Modernisierung der bundesstaatlichen Ordnung, 略称KOMBO—以下，連邦制委員会とする）である。同委の目的は，連邦と州の行動・決定能力を高めるとともにその政治的責任を明確化し，また任務遂行の合目的性と効率を高めることにあるとされ，具体的には，①連邦と州の立法権限の整序，②連邦法の立法過程における連邦参議院の権限と協働権の検証，③連邦と州の財政関係（特に共同事務と混合財政）の見直し，という年来の課題を解決することが目指された[9]。

この委員会で注目すべき点はその構成にあった。同委のメンバーは，投票権をもつ連邦議会議員16名と連邦参議院の州政府代表16名，発言・提案権はあるが投票権はない連邦政府閣僚4名（首相府，司法，財務，消費者保護）と州議会代表6名，郡・市町村全国会代表3名，そして専門家12名から成っていた。この構成は，連邦議会・参議院の両院協議会方式と，州議会議長などが主張したコンヴェント方式との妥協による折衷的な性格をもっており，またこの種の委員会に地方自治体の代表が参加したのは初めてのことである。委員会の議長には，2大政党を代表する形で，SPD議長のミュンテフェリンクとCSU議長でバイエルン首相のシュトイバーが就任したが，これは同時に，彼らが連邦政府与党と諸州を代表する形になっていた。かくして以上の構成は，連邦共和国の「政治システムのプロポルツ（比例）制」[10]を端的に表しているわけである。

　委員会は当初，問題を専門的に検討するために2つの作業グループを設けたが，それは「立法権限と連邦参議院の協働権」を扱うグループと，「財政関係」を検討するグループであった。しかし論議の途次で，それのみでは不十分なことが判明し，04年半ばからは次の7つの領域をカバーするプロジェクト・グループが設置された。それは，①侵害権（法）（Zugriffsrecht──後述），②基本法第84条，③公的勤務，④国内治安，教育・文化，環境および消費者保護，⑤地域（Region），⑥財政，そして⑦首都の問題，である。委員会の審議は同年11月7日の第1回会議で始まり，休暇をはさんでほぼ月1回のペースで行われ，翌年12月17日の第11回会議での「予期せぬ挫折」で終了した。審議の流れは，ベンツによれば，前・中半の「聴取の段階」ではオープンな議論がなされ，投票権をもつメンバーと専門家メンバーの間で「同権的な」意見表明があった。しかし後半の「決定の段階」では，政府・政党・州間の対立が表面化し，論議の比重は非公式の機関に移った，とされる[11]。本稿では，改革の概念や構想は専門家の意見に依拠して説明し，各機

関の対立が露わになる局面では，具体的な争点をめぐる諸アクターの抗争とその帰結を中心に記述を進めることにしたい。

また委員会の最終局面での挫折につき予め述べておくと，この終了劇は世論と当事者自身から驚きと失望で迎えられ，改革のそもそもの困難や政党・諸機関のエゴイズムなどがその原因として指摘された。しかし，同委で審議された内容は多面的で高度の専門性をもち，両議長の暫定的な総括の文書「予備草案」（Vorentwurf）[12]は，その後の改正論議で最も重要な引照基準になったのである。そこで以下で委員会の活動を総括する場合は，この予備草案の内容を適宜紹介し，これを以降の基本法改正の過程に関わる論述の橋渡しとしたい。次に個々の論点を逐一検討しよう。

第3節　基本法改正をめぐる諸論議

1. 逸脱権の問題

最初に指摘すべき点は，今回の基本法改正の最大のポイントが，州執行に関わる連邦法への連邦参議院の同意権を定めた第84条の改正と，その代償としての州立法権の拡大およびそれに伴う連邦・州間の立法権限の再編であり，これらをめぐる双方の妥協だったということである。そして，その際のキー・ワードになったのが，先にふれた侵害権（法）ないしは「逸脱権（法）」（Abweichungsrecht）と称される概念であった。（以下，逸脱権（法）とする）[13]その意味するところを，ここではさしあたって，連邦法に対して州がこれを逸脱する立法を行う権限ないしその法，と規定しておこう。ところで今回の基本法改正では，逸脱法が2つの条項で適用されている。それは競合的立法に関わる第72条第3項（実体的逸脱法）と，参議院の同意権を規定した第84条第1項（形式的逸脱法）である。その経緯につき述べておくと，当初

は逸脱権が論じられたのはほとんどが前者の領域においてであり、それが後者の参議院の問題と関わって扱われるようになるのは、連邦制委員会の第4回会議からであった。その点を念頭において、次にこの概念がもつ歴史をごく簡単にみていこう[14]。

逸脱権に照応する概念が初めて登場したのは、ヴァイマル共和国の中期の時代だったとされるが、それが本格的な議論の対象となったのは、70年代の既出の憲法改革調査委においてである。ここでハンブルク市参事会員のハインゼンが、最終報告での特別意見で、競合的立法権では州が連邦の立法規定を離れて州法による代替または補充をなしうるとし、ただし州議会からの送付後3カ月以内に連邦議会が異議を唱えるとこれを無効とする、という考えを示し、これを「連邦と州の真の競合」としたのであった。その構想は州レベルでは反響を呼んだが、この最終報告が基本法改正につながることはなく、ハインゼン案もまた立ち消えになったのである。その後、改革をめぐる90年代の論争では、この概念が論争の主役の座を占めることはなかった。

2000年に入ると、ベルテルスマン委員会（政治的には中立のベルテルスマン財団が設けた民間の委員会）が、「脱錯綜化2005」という文書を発表したが、公法学者のアレントを代表者とする権威の高い同委の文書は各方面に影響を与えた[15]。この文書ではハインゼン案とほぼ同趣旨の逸脱権が提示され、その考えはここでいわば再発見されたのである。他方、州側が改革の基本方針を初めて示したのは、03年3月の前出の州首相会議においてであって、ここで採択された「連邦制国家秩序の現代化—連邦との交渉の指針」と題する文書は[16]、その中心的な要求として、競合的立法権の分野での州の逸脱権の導入と大綱的立法の廃止を掲げた。ただし、第84条の問題については、「さしあたっては連邦の態度表明を待つ」とされ、州側の立場の表明は留保されたのであった。

われわれは次に、連邦制委員会で行われた逸脱権をめぐる論議を、そこで

提出された文書を中心に検討するが、この問題は後発の第 84 条の問題と関連させて論じる方が容易である。そこで以下ではまず、同条第 1 項の問題状況から考察することにしたい。

2. 第 84 条第 1 項の問題

　最初に若干の数字を挙げてみよう。基本法には連邦法の成立に参議院の同意を必要とする条項が、基本法改正の場合を除いて 38 あるが[17]、総じて、同意が必要な連邦法は、当初の起草者の意図とは異なり（10～15% が想定された）、最近では全体の 6 割ほどを占め、特に重要法案ではほぼ 9 割がこの手続きを必要とした。しかも同意法のうち第 84 条第 1 項によるものが、81～99 年の間で年平均 58% を越えており、それ故、立法過程の迅速化を図るためにはこの条項を改正することが緊急の課題になっていたのである。同項の問題は次の点にあった。即ちこの条項では、州が連邦法を固有事務として執行する場合は、「連邦参議院の同意を得た連邦法律に特別の定めのある場合を除いて」、州が官庁の組織と行政手続きを定める、と規定されたが、問題は括弧内の規定であって、これにより、連邦法が州の官庁組織か行政手続きに関し何らかの規定を設ける場合は、その法案の全体につき（連邦憲法裁がいう「統一理論」）、参議院の同意を必要としたのである。この規定から先の困難が生じたわけだが、しかし州側にとっては、参議院での同意権を縮小することは連邦への重大な譲歩を意味した。

　連邦制委員会では最大の争点である連邦参議院の同意権と連邦・州間の立法権限再配分の問題は、主として第 3、4、8 および 9 回の会議で本格的に議論された。逸脱権が参議院の同意権と関連して論じられるのは、公表文書から判断すると、非公開の第 4 回会議からであって、その間に有力州からの要請があったことが想定される。この会議の直後からは、専門家の提案が相次いで提示されたが、それらの提案では、第 84 条第 1 項 1 文による原則、つ

まり州が連邦法を固有事務として遂行する際は，州が官庁組織と行政手続きの規則を定めることは改めて確認された。問題の参議院の同意権については，多数の専門家は，連邦法からの個々の州の逸脱権を認めることで州側の譲歩を得，それによって同意の必要な連邦法を減らすことを提案した。ここでは後の改正条項の内容に近いショルツ，シャルプフとグリムの提案に沿って，この問題を説明しよう[18]。

彼らの提案は，概略次のような構成をもっている。それは，①州が第一次的な規則制定権をもつ，②連邦は自身で規則を定めうるが，州は州法によりそれから逸脱できる，③連邦は連邦法でその逸脱権を排除しうるが，その際は参議院の同意を必要とする，というものである。このうち③につき，どのような場合に連邦が州の逸脱権を排除しうるかという点では，連邦法が「全国家的な必要性」から拘束力をもつとき（ショルツ），とされた。これらの提案と前後して，5月には全州の首相の「ポジション・ペーパー」が発表されたが[19]，ここで連邦参議院の同意権につき，以下の条件で州側が歩み寄ることが表明された。その主要な点は，①連邦が州官庁組織の規則制定権と自治体への任務委任を放棄し，また連邦が作る行政手続き規定に対する逸脱権を州に認めること，②州に重大な費用結果を伴う連邦法は参議院の同意を必要とすること，であった。ここでは，州の官庁組織は専ら州の権限に属するとされた点が特に注目される。

連邦制委員会では上記の問題はプロジェクト・グループ2で詳細に議論された。議長のSPD連邦議員シュトゥンカーは，同委の第8回会議（7月）の冒頭で従来の議論をまとめたが[20]，それによると，これまでに合意があったのは，第84条の原則（州が官庁組織と行政手続きを規定）と連邦法への州の逸脱権の承認，および連邦が市町村に任務を移譲しないことであり，未解決の問題は，州の官庁組織を連邦が規定しうるのか，また連邦が州の逸脱権行使後に再び連邦法でこれを排除しうるか（「取戻し権」（Rückholrechtと

称された），の2点であった。特に最後の問題は，ショルツらとそれに合流した連邦の側と，有力州との対立をもたらしたが，シュトゥンカーはこの会議では，CDUの連邦議員レットゲンとともに，4つの大州の支持を得て連邦が取戻し権をもたない提案を作成したのである。

　ショルツらと連邦の案(A)とシュトゥンカーらの案(B)との相違は，無論，州の高権への評価の違いに根ざしている。その際，Aを主張する者がBの論者を批判したのは，全国的な法的統一性の必要，連邦法における実体法規定と手続法規定との分離の困難，総じて州の逸脱法が生まれる場合の法体系断片化への怖れ，などを根拠とした。これに対し，Bの論を主張する者は，法断片化に対抗する州立法者の「理性」への信頼，EU法による法的枠組みの存在などを挙げて自説を擁護し，またA案での州の国家性への軽視と手続きの煩雑さを批判したのである。連邦制委の第9回会議（10月）に先立つ作業グループでは，シュトゥンカーらは連邦と州が相互に逸脱しうる案を提出したようだが，議事録ではその詳細は明らかでない[21]。結局この問題については，連邦制委が挫折をみた第11回会議で，予備草案による暫定的な解決案が提示された。それによると，第84条第1項では第1文の原則規定の後に，第2文以下が次のように定式化された（［　］内は検討を要するとされた部分[22]）。

　「州は，連邦法に特別の定めがない限りは，これから逸脱する定めをおくことができる。［州の規定は，第2文にしたがい，連邦の規則に優先する。］例外的な案件では，連邦は，連邦に統一的な定めをおく特別の必要のために，州の逸脱可能性をもたない行政手続を定めることができる。この規定は連邦参議院の同意を必要とする。連邦法によって，市町村および市町村連合に事務を委任することはできない」。ここでは，連邦側の取戻し権の主張が取り入れられたが，ただしそれは手続法のみであって州の官庁組織には及ばなかった。即ち州の組織高権は守られ，その限りでは連邦参議院の阻止機能

は維持されたのである。そしてこれらの規定によって，参議院の同意を必要とする連邦法は，全体の 35〜40% になることが想定されたのであった。

　第 84 条第 1 項に関わるいま 1 つの重要な論点は，州のポジション・ペーパーの ② で示された費用負担の問題であった。これは，参議院の同意を経ない連邦法が増加し，それとともに州に多くの費用負担を課す法律が増えると州は財政的困難に陥るのではないか，という問題である。この点は当初は認識されなかったが，論議の中途でその重要性が認められ，プロジェクト・グループ「財政」で改めて審議されたのである。連邦側の主導により予備草案では，「連邦法律が第三者に対して金銭給付または金銭価値のある現物給付をなすべき州の義務を根拠づけ」，州がこれを固有事務として執行する場合は，この法律は参議院の同意を必要とする，という文面が盛り込まれた（第 104 a 条第 3 a 項）[23]。この文面は分かりにくいが，具体的には，福祉や難民収容施設関連などの，州の財政負担の大きい連邦法に関わるものである。同項と第 84 条第 1 項の規定の組み合わせによる連邦側の譲歩によって，参議院の同意を必要とする連邦法の削減は初めて可能になる，とされたのであった。

3. 連邦と州の立法権限

　次にわれわれは連邦と州の立法権の配分をめぐる論議をみるが，これは連邦の専管的立法権と大綱的立法権および連邦と州の競合的立法権の再編の問題である。その対象は多くの領域での細かな条項から成っており，各機関の要求の変遷を辿ることは煩瑣になるのでここでは避け，やや飛躍するが，最初から予備草案で示された立法権限の所在の提案を示すことにしよう。その後，このうちの重要な論点を解説する。

　予備草案で示された，各レベルに配分される立法権限の主要なリストは次の通りである[24]。

〈一〉新たに連邦の専管的立法権の対象になるとされた事項（カッコ内は号の数）

(3) 届出制度および身分証明制度（従来は大綱的立法の第75条第1項5号），(5a) ドイツの文化財の国外流出に対する保護（従来は同6号），(12) 武器法および爆発物法（従来は競合的立法の第74条第1項4a号），(13) 戦傷者および戦争遺族の援護ならびにかつての捕虜の生活保護（従来は同10号），(14) 平和目的のための核エネルギーの生産および利用，この目的の用いられる施設の建設および経営・・・（従来は同11a号）

〈二〉新たに競合的立法権の対象になるとされた主な事項（細かな変更の部分は除く）

(18) 住宅手当関連法，旧債務補助法，住宅建設促進法，鉱山労働者住宅建設法および鉱員入植法，(19) 薬局制度，薬剤，薬品生産の法，(27) 州，市町村およびその他の公法上の団体の公務員ならびに州の裁判官の身分上の権利と義務（削除された第74a条に代わる規定―後述）

〈三〉大綱的立法で存続するとされた事項

(1a) 大学制度の一般的諸原則，(3) 狩猟制度，自然保護および風致の保全，(4) 土地分配，地域開発計画および水資源管理

〈四〉上記の規定により，新たに州の専管的立法の対象になるとされた事項

(1) 集会法，(2) 刑執行（未決拘禁の執行を含む），(3) 公証人（手数料を含む。ただし公証法を除く），(4) 各種ホーム法，(5) 閉店法，(6) 飲食店法，(7) ゲーム・センター，興行，(8) 見本市，いちば，(9) 農業上の土地取引，(10) 農業小作制度，(11) 耕地整理，(12) 団地・家産制度，(13) スポーツ・余暇時の騒音，社会的目的をもつ施設

からのいわゆる社会的騒音，(14) プレスの一般的法関係，(15) 州以下の公務員，州裁判官の経歴，俸給と扶助（予備草案には記されていない―筆者）

　これらの予備草案の内容は，細部を除き，また政治的錯綜の問題と深く関わる大綱的立法の部分を別とすると，実は翌年の大連合政府の基本法改正草案と基本的には変わっていない。連邦制委の後半で，連邦と州の妥協が細部にわたって進められたことは間違いないが，その経緯は不明である。ここではそれとは別に，連邦制の基本的なあり方とも関わる次の3点を説明しておこう。それは，①州以下の公務員，州判事の給与・待遇についての規定と，②連邦憲法裁の判決に関わる第72条第2項の問題，そして③環境問題，である。

　あまり目立たないが，今回の改正で注目すべき点の1つは，州以下の公務員と州判事の職歴・給与・扶助に関する立法権が州に移されたことである[25]。このうち給与と扶助の権限は基本法制定の当初は州側にあり，71年の改正による新設の第74a条で競合的立法に移行したが（実質的に連邦の権限），これはむしろ連邦への依存を深めていた州の要望に基づくものであった。今回は有力州からの改正の要望が強く（非有力州と官吏労組などは反対），またこの問題は連邦制委で大きな議論を呼ばなかったことから，予備草案では第74a条の規定が第74条第1項27号に移され，かつそこでは職歴・給与・扶助に関する規定が除かれて，実質的に州の立法権限に属することになったのである。後に基本法改正が成立すると，フランクフルター・アルゲマイネ紙は，この規定を「連邦参議院での同意権縮小に対する州側への中心的な報酬」だと論評した。これはやや過大な評価だが，この条項が連邦の(大)州への重要な譲歩であることは明らかである。

　次いで，既述の連邦憲法裁判決とも関わる第72条第2項の問題について

述べると，予備草案では，同項の「必要性条項」は，従来のように競合的立法の全体をカバーするのではなく，その一部のみを対象とするようになった[26]。その対象は経済関係が中心だが（第74条第1項11, 13, 15号），他に外国人（同4号），公的扶助（同7号），病院・医療（同19 a, 26号）などがあり（他は20, 22, 24, 25号），「必要性条項」の対象の限定に対応して州立法権の可能性が拡大されたわけである。（他の号は後述の28-33号を除き，同条1項の適用を受ける）また連邦憲法裁の判決が改革論議へより直接的な影響を与えたのは，連邦制委開催の期間中に新たな憲法判断が示されたことであった。それは，競合的立法権に関わる「闘犬判決」（04年3月）と「閉店法判決」（同7月），および大綱立法に関わる「ジュニア・プロフェサー（職階名）判決」（同7月）である[27]。詳細は省略するが，いずれの判決も介護法判決後の流れを受けて，州により親和的な姿勢を示すものであった。先に連邦制委での連邦・州間の妥協の経緯は不明だとしたが，確かなのは，それらの論議の中で上記の判決が州に有利な方向で作用したことである。

最後に環境問題を瞥見しておこう[28]。ここでの前提は，①この分野では，従来の対症療法的な措置によって立法権限の所在が錯綜しており，90年代には統一法典作成の試みがあったが結局は断念されたこと，および②欧州規模での環境問題の深刻化により，現在ではドイツの環境法の約80％がEU法に基づいていること，である。そのためEU法制と整合するドイツの統一法典を作ることが急務となっており，この問題は連邦制委に引き継がれて改革の焦点の1つになったのである。同委でこの問題を担当したのはプロジェクト・グループ4だが，連邦側は統一法典の制定に向けて，大綱的立法の分野に多い環境条項を競合的立法に移すことを主張した。これに対し，州側は大綱立法下の州の詳細立法の権限に固執し，競合的立法への移行の場合は逸脱権を付すことを要求した。結果についてのみ述べると，12月の連邦制委

終了までに両者の合意は得られなかった。最終段階で連邦側が示した妥協案は，①大綱的立法を「必要性条項」に関わらせずに競合的立法に移すこと，②この分野での逸脱権を認めるが，環境事項の決定的要素（「逸脱しえない核」(abweichungsfester Kern—後述）にはこれを認めない，というものであったが，それを州側は受け入れなかった。かくして連邦制委挫折のプロセスでは，後出する教育問題に加えて，環境問題もまた大きな役割を果たしたのである。次いで共同事務と混合財政の問題に進むことにしよう。

4. 共同任務と混合財政

　基本法第91a条と第91b条および第104a条で定められた，連邦と州の共同任務と混合財政の問題は，政治的錯綜を象徴する問題の1つであり，この領域では連邦と州の関係にとどまらず，州相互の，即ち有力州と，連邦に依存的な非有力州の関係に関わる問題が含まれていて，予備草案の提示までにその内容は相当の曲折をみたのである。

　最初に，連邦が協力する州の任務を定めた第91a条をみていこう[29]。ここで興味深い点は，審議の初期では専門家の意見は同条を削除することでおおよそ一致していたことである。また04年3月の州首相会議は大学の新・増設の条項（同条第1項1号）の廃棄を要求したが，大学関連の権限を州におくことは，州代表と専門家の間でもほぼ同意が存在していた。（大学の入学許可と修了を除く）他方，同条のその他の任務では意見は相違した。とりわけ同項2，3号の地域的経済構造と農業構造の改善は，東の新州がこれを多く利用し，またEUの地域政策とも深く関わっていたので，それを支援する連邦が州に権限を移すことに消極的であり，州も翌年5月のポジション・ペーパーでは，財政調整の再編の時期までは現状を維持することを求めていた。さらに沿岸保護に関しては，近年頻発する水害対策への対処と絡めて，連邦の所管にすべきだとする議論が多かったのである。

連邦と州の「真正の」共同任務を規定した第91b条をみると，そのうち州への教育計画権限の移管は州の要求として早くからあったが，これには連邦側の異論が強かった。同条でのいま1つの重大な争点は，「地域の枠を超えた意義をもつ」研究の施設建設と計画の振興にあった。連邦関係者と専門家の間では，これを連邦の権限とする声が多かったが，その主張は，研究における国際競争力の強化，そのための巨額の財政資金の必要，そしてドイツ学術協会（DFG）のような全国組織の存在，などを理由とした。これに対し，州側のポジション・ペーパーの立場は，この任務を共同任務として残し，ただし連邦と州の参画の割合を再検討する，というもので，連邦にそれを移管することには慎重であった。

　最後に混合財政の問題を述べると，これには，①共同任務が州に移管される場合に，従来連邦から支出されていた財政資金をどのように補償するのか，②第104a条第4項で定められた「財政援助」をどのように改編するのか，という問題があった。前者への対策としては，売上税の再配分，「財政援助」の適用などの手段が想定された。後者については，援助の存在が否定されたわけではなく，これが連邦の「教導上の手段」であることは州側も含めて認められていた。したがって同委では，連邦の「黄金の手綱」とも揶揄されるこの制度の欠陥を改めるために，現行の不備点を改正する方向で議論が進められたのである。

　以上の議論をふまえた予備草案の結論を，主要な点だけ紹介しよう[30]。第91a条では，州権限に移る「大学の新・増設」を除くと，専門家の多くの提言は退けられて旧来の任務が残され，財政上の手当でも連邦と州の負担割合は変わらなかった。（3項と5項の廃棄その他の変更は省略）他方，第91b条の処理は曖昧で，旧条項がそのまま記載されるとともに，予備草案の序の部分で，大学法と教育計画は留保点として今後の議論に委ねられる，とされた。さらに「財政援助」に関しては第104b条が新たに設置され，「州の専

管的立法の対象ではない計画」に対してのみ，連邦が引き続き援助を行うことが認められ，また資金の配布は期限付きでかつ定期的に審査されるものとされたのである。

以上よりみると，連邦制委員会の審議の後半では，専門家の種々の提案とは別に，連邦と州の間の妥協が優先された，とみなしえよう。そして委員会をめぐる状況が政治的な性格を帯びるにつれ，その最終局面ではさらに和解の困難な争点が前面に表れるようになった。次項では連邦制委員会の挫折の経緯を追うことにしよう。

5. 連邦制委員会の挫折

10月に開かれた第9回の連邦制委で，議長のシュトイバーは冒頭，「委員会は今年で終り，・・・来年1月か2月に最終報告を決定して，連邦議会と連邦参議院に送付する」旨を述べ，「スケジュールは野心的だ」と自賛した[31]。しかし2カ月後の最終会議では，もう1人の議長のミュンテフェリンクが「共同の決定提案を了解するには至らなかった」と表明せざるをえなかった[32]。この間どのような事態の推移があったのであろうか。

最終会議で示された予備草案は，合意に達しなかった分野を序の部分で次の通り列挙した[33]。それは先の(1)大学法と教育計画の他に，(2)環境大綱法，(3)国内治安，テロリストとの闘いにおける連邦検察庁の権限，災害防護／市民保護，(4)欧州問題での州の協働，および(5)対EU責任，であった。しかしミュンテフェリンクによれば(3)から(5)は「明らかに了解が可能」であって[34]，問題は大学・教育と環境，とりわけ前者の領域にあった。そこで，この局面で浮上した大学・教育問題をやや遡って説明する[35]。

大学・教育制度が連邦制の枠組みとの関連で変容したのは，69年の基本法改正においてだが，この改正で大綱的立法に「大学制度の一般原則」(第

75条第1項1a号）が導入されて大学大綱法の制定をもたらし，また共同任務の既出の新たな規定が設けられた。近年になって連邦と州の対立が際立ってきたのは98年のシュレーダー政権の成立からで，教育・研究相のブルマーンが野心的な教育政策を展開した。同省は大学大綱法の2次にわたる改正やいわゆる「エリート大学」の育成などの政策を矢継ぎ早に打ち出したが，特に01年の「ピザ・ショック」（国際学力比較でのドイツ児童の劣位に対する社会的衝撃）以降は教育政策が国民的な関心を呼び，その中で連邦政府と，教育政策に大きな関わりをもつ州政府との対立が党派の枠をこえて拡がったのである。連邦制委員会では，教育問題はプロジェクト・グループ「教育と文化」で審議が進められ，当初は議論は順調に進行した。連邦制委の終盤で対立が表面化したのはリヒターによると次の3点で，それは，前出の大学制度（第75条第1項1a号），教育計画（第91b条）と教育関係でのEU代表問題だが，しかし後2者では合意は可能だった。結局，重大な係争点として浮上したのは大学法問題であり，特に厳しい対立を生んだのが，大学の入学・修了要件と大学の質の確保をめぐる決定権限の問題であった。

　第8回の連邦制委ではプロジェクト・グループの中間報告が行われたが[36]，それによると，大学の入学，修了，質確保の3点で，連邦政府は参議院が同意する連邦法で規定することを主張し，州は州際条約による規定を主張した。連邦側にはいわゆる「ボローニャ・プロセス」（欧州の大学間のモビリティを促進するための政府間取決めで，上記3点の問題は重要な意味をもつ）の存在が念頭にあり，彼らはまた州際条約での決定の緩慢さを指摘した。これに対し州側には，学校外職業教育や全日制学校での連邦の攻勢に対する反発もあり，先に挙げたジュニア・プロフェッサー判決後はより強い姿勢に転じた。こうして大学法問題は，連邦と州の間のシンボリックな対決案件へと昇華したのである。

　この係争点を中心とする連邦制委の崩壊劇の詳細な顚末は明らかでない

が，当時の報道やその後の幾つかの論文から，それをまとめると次のようになる。連邦委の最終会議は 12 月 17 日に予定されたが，その前から連邦と州の要求は相互に競り上がっていった。「南ドイツ新聞」によると，数日前に連邦教育省がペーパーを提示し，連邦が上記 3 点で権限をもつことを改めて要求した[37]。他方，特に CDU / CSU が主導する州側は 5 月のポジション・ペーパーの立場を越えて，いまや教育政策からの連邦の撤退を要求するに至った[38]。この経過を報道した「シュピーゲル」誌は，改革の「妨害者」として，CDU のコッホ（ヘッセン州首相）とヴルフ（ニーダーザクセン州首相），SPD のブルマーンとツィプリース（連邦司法相）を名指している[39]。連邦委の議長が予備草案を示したのは 13 日だが，その後彼らは自派からの強い圧力に曝されることになった。15 日の 6 時間に及ぶ州首相との会議の後，翌日にはシュトイバーが全体の妥協を図り，州側の譲歩の代償として，大学の入学・修了を除く一切の教育政策を州が所管する「抱合わせ提案」(Junktim) をミュンテフェリンクに提示し，後者がこれを拒否することで 2 人の「政治的ペアのような」関係は終了した[40]。かくして 17 日の最終会議における彼らの発言は，もはや自陣営の見解を代表するものでしかなかった[41]。コッホらの州政治家の強硬な態度の背景には，州と連邦の選挙を視野に入れた連邦政治への野心が介在したともいわれる。

　委員会の解体後は様々な意見が交錯した。ミュンテフェリンクは，改革は「ハーフ・タイムが終わって‥後半で決着」となお楽観的な見解を表明したが[42]，改革の行方に悲観的な学者は多く，またヴルフのように「新たな進展は CDU 主導の新しい政府の下で」得られる，という党派的な感情を吐露する政治家もいた[43]。連邦制改革は，いわばこれらの認識の間を縫って進められるのである。

第 2 章　ドイツにおける連邦制改革の現状　53

第 4 節　基本法改正の成立

1. 連合協定の締結

　連邦制委挫折の失望感が広がる中で，改革の必要性は当事者の間で心底ではなお広く共有されていた。その新たな出発点となったのは，05年3月から5月にかけてシュレーダー，フィッシャー，シュトイバーとメルケルが参加したいわゆる「ジョブ・サミット」だったといわれる。ただし以降の過程は，政府，政党と州の指導者の間の非公開の折衝が中心となっており，多くの点は不明である。基本法改正の草案が連邦議会と連邦参議院に提出されるまでの経緯は，概略的に述べるにとどめたい[44]。

　この間の経過で重要な出来事は，5月下旬に連邦議会・参議院がEU憲法条約を批准したことである。批准は承認の困難が予想されるフランスの国民投票の前に行われ，その時間的制約が州の立場をより強くした。即ち，条約の批准とともに，連邦制委では結論が留保されていたEU代表問題で，両院の権利の拡充・強化を図る法律が採択され，これは後の基本法第23条第6項の改正内容につながった。その手続きが終了し，また22日のノルトライン=ヴェストファーレン州の選挙を経て，州首相の特別会議が同月末にあり，積み残された大学・教育問題と環境法制につき，州間の合意を進めることで一致をみた。しかし，それらの動きは，9月の連邦議会選挙に向けた各党の対立の中で一旦は沈静したのである。

　連邦議会選挙の結果，周知のようにメルケルを首相とし，ミュンテフェリンクを副首相とする大連合内閣が11月に発足し，その直前に発表されたCDU/CSUとSPDの連合協定の内容が改革の次の段階を画するものとなった。同協定は量的に膨大なものだが，連邦制改革については，付属文書2で「連邦制改革のための連合作業グループの結論」と題する両党の合意が詳し

く記載されている。次いで翌月に連邦・州の首相会議が開かれ，上述の妥協パケットが了承された[45]。その後，連邦政府とバイエルン，ベルリン，ブレーメン，ノルトライン＝ヴェストファーレン州の実務家の間で作業グループが作られ，法案作成のための調整がなされたが，その間，連邦議会の参画はなかったことが特徴的である。最終的な手続きとしては，翌年3月に連邦政府，政党議員団と州首相の会議で最後の合意が確認され，その修正は連邦・州間の一致がある場合にのみなされることも了承されたのである。

　以上の過程を経て，基本法の改正法法案とその付属法法案が，連邦議会には3月7日に，連邦参議院には10日に上程されたが，その内容は連合協定のそれと基本的に変わっていない[46]。そこで本稿では連合協定と改正法法案を一括して扱い，これを先の予備草案と比較して，改革をめぐる議論がこの間どのように進んだのかを検討することにしたい。

　第1に連邦と州の立法権限をみると，最大の変更は環境と大学の規定が整理されたことであり，それはこの局面での連邦の州への譲歩の姿勢を表している。即ち，連合協定では大綱的立法が全面的に廃止され，環境に関わる①狩猟制度，②自然保護と風致保全，③土地分配，④地域開発および⑤水資源管理が，新設の第72条第3項の1〜5号として，逸脱権を付された競合的立法に移行した。この変更は連邦の統一法典への道を開くものだが，逸脱権を付すことで州の妥協を得たものである。同時に①，②，⑤にはそれぞれ留保条件が付けられ，これは「逸脱しえない核」として，連邦の立法権限に属することとなった[47]。また最大の懸案の1つだった旧1a号の大学制度では，大学の入学と修了の項目のみが，やはり逸脱権を付されて同項の6号に挿入された[48]。ここでも連邦の権限が残されながら，文面上は逸脱権を認めることで連邦側の譲歩が示されたわけである。なお連邦の専管的立法で連合協定において追加されたのは，州境を越える国際テロリズムへの連邦刑事警察庁の予防措置であった。(9a号)[49]また競合的立法の分野での細かな変更はこ

こでは省略する。

　第2に注目すべき点は，法案の提案趣意書が，第72条第3項の説明部分で逸脱権の行使の仕方を具体的に示したことであった。それによると，逸脱法実施のあり方の大要は次の通りである[50]。(1) 各州は同項で挙げられる領域で，「連邦の規定から逸脱する独自の構想を実現させる」可能性をもち，これを用いるか，逸脱せずに連邦法の規定を適用するのかは州の立法者に委ねられる。(2) 逸脱法は，基本法，欧州法，国際法上の上位規則に拘束される。(3) 州による逸脱の規定が許される条項でも，一定の分野では逸脱は排除される。(既述の「逸脱しえない核」) (4) 逸脱法は該当州で連邦法を無効にするのではなく，その適用を連邦法に優先させる。その意味するところは，州の逸脱法が廃棄される場合は連邦法が自動的に再び効力をもつことである。(5) 連邦がその権利を（例えばEU法の新規定を連邦で変換するために）改めて行使すれば，新たな連邦法は後法として州法に優先し，連邦がその法律を廃棄すれば，従来の州法が再び効力をもつ。また州は新たな連邦法から再び逸脱しえ，この州法は連邦法に優先する。(6) 逸脱可能な連邦法は，その発布後最も早くて6カ月後に効力をもつ。これは，逸脱法を定めるかを決定する機会を州に与え，また市民への法命令が短期で変わることを避けるためである。(7) 連邦法は，緊急を要するときは，連邦参議院での3分の2の多数により発効時期を早めることができる。なお逸脱法については，基本法第31条（「連邦法は州法に優先する」）との関連が問題になるが，逸脱して施行される州法は，連邦法の特別法として扱われることになる。

　第3に，参議院の同意権に関する第84条第1項の規定だが，ここでは大枠の規定は予備草案と変わらないが，4文が，例外的な場合は参議院の同意を得て逸脱しえない行政手続きを定めうるとした[51]。注目すべき点は，提案趣意書でその例として，環境関連の手続法がこの例外に当たるとされ，また同文書が，第72条第3項と第84条第1項の組み合わせにより，「連邦に環

境立法での統一法典作成の可能性が開かれた」と説明していることで，ここに今回の改正で環境法がもつ重要性が窺われるのである[52]。なお第84条第1項と関連して，州の執行の際の費用を定める第104a条の規定は，次のように変更された[53]。即ち，予備草案では言及されなかった同条第3項3文（州が経費の4分の1以上を負担する場合は参議院の同意を必要とする）は廃棄され，それに代わって第4項が，予備草案の既出の第3a項案（金銭・現物ほか給付での州の財政負担）と同趣旨で，またそれをより精緻化する形で新設されたのである。

最後に共同任務・混合財政の分野をみると，大きな変更は，争点となっていた第91b条の教育計画が廃止され，新たに2項で，国際レベルを目指す教育制度の効率促進のために，連邦と州の協定による協力が打ち出されたことであった。これは，70年以降の連邦・州間の行政協定（BLK協定）に代わる枠組みが作られることを意味する。論議を呼んだ同条の，地域を越える意義をもつ研究の施設・計画では，振興の対象と受け手（大学と大学外研究機関）がより詳細に規定され，連邦と州が（例えばエクセレンス・イニシアティブで）協定により協力することが改めて規定されたのである[54]。（第22条第1項の首都条項については省略）

以上の状況上，規則文面上の変遷を経て，3月上旬から連邦議会・参議院で基本法改正のための審議が開始されることとなった。

2. 改正基本法の採択

今回の改革の最終劇である両院の審議では，基本法の改正法案が先の連合協定を踏襲したので，その内容に転換を迫る深刻な論争は生まれなかった。議会での討論の不足を嘆く声はあったが，2大与党と州首相の合意に基づく法案を，議会で訂正する余地はきわめて乏しかったのである。最後に，両院での審議の結果をごく簡単に述べることにしたい[55]。

第 2 章　ドイツにおける連邦制改革の現状　57

　まず審議の場は，当初は議論があったが連邦議会では法務委員会に，連邦参議院では内務委員会に決定された。異色だったのは，100 人を越す専門家の最後の公聴会が連邦議会の議場で両院の主催により開かれたことで，これは共和国の歴史では初の出来事であった。それらの審議を経て法案原案の修正は些少であって，やや目立つところでは，第 84 条第 1 項での緊急を要する連邦法が，参議院の 3 分の 2 ではなく過半数で決められることが確認されたことであった。基本法改正法とその付属法の法案採択は，連邦議会では 6 月 30 日に，連邦参議院では 7 月 7 日に行われ，採決の結果は，連邦議会では賛成 428 票（CDU/CSU と SPD），反対 162 票（SPD の一部と左翼党および同盟 90／緑の党），棄権 3 票（FDP の一部），連邦参議院では賛成 62 票，反対 3 票（メクレンブルク＝フォアポメルン州），棄権 4 票（シュレスヴィヒ＝ホルシュタイン州）であった[56]。採択された法律は，8 月 28 日に大統領の認証を受けた後に 31 日に連邦法律公報で公布され，翌 9 月 1 日に発効したのである。

おわりに

　改正基本法の発効から 1.5 年余を経たが，現時点でその全体的な総括を行うことは難しい。基本法の文面上では，連邦・州間の妥協の「収支表」はバランスを保っているようにみえる。特に第 84 条第 1 項と第 72 条第 3 項における逸脱権の導入は，今回の改革での双方の妥協を象徴するものとなった。しかし今日までの実際の運営から，連邦と州の力関係の実情を判断することはなお困難である。例えば，第 84 条第 1 項での州の逸脱権を認めることで，参議院の同意を必要とする連邦法の減少が期待されるが，他方，第 104 a 条第 4 項により州が金銭給付などの義務をもつ連邦法を執行する場合，それに

伴って参議院の同意を必要とする連邦法が増すことも予想されるのである。また第72条第2項の「必要性条項」が，競合的立法での州の立法権をどれほど拡げるのかを速断することも難しい。立法権限をめぐる各機関の抗争への対応は，改革を経てもなお連邦制がもつ永遠の課題であるといってよい。

　今回の改正劇で補完性原理と関連して注目されるのは，環境法制をめぐる改革である。連邦レベルでの環境統一法典（UGB）が成立すれば，EU法—UGB—逸脱する州法，という構成が生まれ，補完性原理を体現する体系が成立することもありうるわけである。ただし，実際には州の逸脱法規が立法化されうるのかは微妙であって，コテュラのやや晦渋な表現によれば，逸脱法は「合意を目指す連邦・州間の交渉プロセスの枠組条件を規定する，連邦国家的権限配分の政治的手続化の一つ」であり[57]，従来よりも立場を強めた州が，交渉により逸脱法を伴わずに連邦法に合意する局面も予想される。しかしまたエップラーが述べるように，「環境法が〔逸脱法の〕実験フィールドになり，可能ならば他の政策領域の先駆者になる」という期待もある[58]。いずれにせよ，遅くも2010年までにUGBが制定されるときに（第125b条），それらへの一定の結論が出されるはずである。

　連邦制改革の展開は当初想定されたよりも急であり，基本法改正後の同年の12月15日には，連邦議会と連邦参議院が，CDU/CSU，SPDとFDPの共同提案になる「連邦・州財政関係現代化のための共同委員会」の設置を決定した。（「連邦制改革Ⅱ」）同委は，細部は異なるが前任の連邦制委とほぼ同様の構成をもち，連邦・州間の財政負担，租税立法権限，財政調整の諸問題を解決することを目指している。ただし抜本的な財政改革は，既述のように連帯協定が終了する2019年までは困難な状況にあり，この改革は財政問題のうち単純法（単純多数決で採択される法律）が扱う範囲にとどまることが想定されている。序の部分で述べたように改革はまだ途次にあり，今後の進展を注意深く見守っていくこととしたい。

第 2 章　ドイツにおける連邦制改革の現状　59

1) 邦語文献では，中西優美子「ドイツ連邦制と EU 法」『専修法学論集』第 100 号，2007 年。
2) K. Hesse, *Der unitarische Bundesstaat*, C. F. Müller, Karlsruhe, 1962.
3) H. Kilper, R. Lhotta, *Föderalismus in der Bundesrepublik Deutschland*, Leske + Budrich, Opladen, 1996, S. 126.
4) F. Scharpf, B. Reissert, F. Schnabel, *Politikverflechtung*, Scriptor, Kronberg, 1976.
5) U. Münch, K. Meerwaldt, Politikverflechtung im kooperativen Föderalismus, Bundeszentrale für politische Bildung, http://www.pbd.de/
6) 岡田俊幸「ドイツ憲法の〈ヨーロッパ条項〉」，石川明，櫻井雅夫『EU の法的課題』，慶応義塾大学出版会，1999 年；初宿正典「最近のドイツの基本法改正について (1), (2)」『自治研究』第 2, 3 号，第 71 巻など。
7) Th. Fischer, M. G. Hüttmann, Aktuelle Diskussionsbeiträge zur Reform des deutschen Föderalismus in Europäisches Zentrum für Föderalismus-Forschung, *Jahrbuch des Föderalismus* (以下，*JdF* とする), Nomos, Baden-Baden, Bd. 2, 2001, SS. 132-136; R. Hrbek, Auf dem Weg zur Föderalismus-Reform, in *JdF*, Bd. 5, 2004, S. 152.
8) 以下については，S. Schmahl, Bundesverfassungsgerichtliche Neujustierung des Bund-Länder-Verhältnisses im Bereich der Gesetzgebung, in *JdF*, Bd. 7, 2006.
9) Antrag der Fraktionen SPD, CDU/CSU, Bündnis 90/DIE GRÜNEN und FDP, Deutscher Bundestag, Drucksache 15/1685. (以下，BT DS-15/1685 とする。他の場合も同様)
10) A. Benz, Kein Ausweg aus der Politikverflechtung?, in *Politische Vierteljahresschrift* (以下，*PVS* とする), H. 2, 2005, S. 212.
11) *Ibid.*, S. 211.
12) F. Müntefering, E. Stoiber, Vorentwurf vom 1. Dezember 2004, Kommissions-Arbeitsunterlage. (0104—以下，AU-0104 とする。他の場合も同様)
13) "zugreifen" という語には，州だけでなく連邦からも例えば競合的立法権に "zugreiffen" するという用い方があり，「接近権」という訳語の方が適切かもしれない。以下では，"Zugriffsrecht" という言葉が用いられている場合も「逸脱権」とする。
14) 以下については，H. -J. Dietsche, S. Hintersch, Ein sogenanntes Zugriffsrecht für die Länder, in *JdF*, Bd. 6, 2005; derselbe, Die konkurrierende Gesetzgebung mit Abweichungsrecht für die Länder, in *JdF*, Bd. 7, 2006.
15) Bertelsmann-Kommission, *Entflechtung 2005*, Gütersloh, 2000.
16) Modernisierung der bundesstaatlichen Ordnung – Leitlinien für die Verhandlungen mit dem Bund, in R. Hrbek, A. Eppler (Hrsg.), *Deutschland vor der Föderalismus-Reform*,

EZFF, Tübingen, 2003.
17) H. -J. Dietsche, S. Hintersch, Ein sogenanntes Zugriffsrecht..., S. 201.
18) AU-0024, R. Scholz; AU-0025, F. W. Scharpf; AU-0060, AU-0076, D. Grimm; AU-0028, AU-0062, A. Benz; AU-0033, H. G. Hennecke; AU-0026, H. -P. Schneider.
19) Föderalismusreform. Positionspapier der Ministerpräsidenten, Kommissions Drucksache 0045. (以下, DS-0045 とする。他の場合も同様)
20) Kommission von Bundestag und Bundesrat zur Modernisierung der bundesstaatlichen Ordnung. Stenografischer Bericht. 8. Sitzung (以下, SB. 8 とする), SS. 165-167.
21) SPD 連邦議会議員 H. バッハマイアーの発言。(SB. 9, SS. 204-206)
22) Vorentwurf, S. 2.
23) Ibid., SS. 2-3.
24) Ibid., SS. 3-8.
25) この点は, Frankfurter Allgemeine Zeitung (FAZ), Föderalismusreform, 1, Juli 2006.
26) Vorentwurf, SS. 8-10.
27) S. Schmahl, op. cit., SS. 225-227, 229-230.
28) 以下については, A. Eppler, Föderalismus-Reform in Deutschland: die geplante Kompetenzverteilung in der Umweltpolitik, in JdF, Bd. 7, 2006.
29) 以下については, DS-0029, F. W. Scharpf; AU-0039, R. Scholz; AU-0095, H. Meyer; DS-0028, A. Benz; AU-0032, H. -P. Schneider; DS-0023, F. Kirchhof; DS-0045, Positionspapier der Ministerpräsidenten; I. Kemmler, Arbeit und Ergebnis der Föderalismuskommission in Bereich der Finanzbeziehungen zwischen Bund und Ländern, in JdF, Bd. 6, 2005.
30) Vorentwurf, S. 1, SS. 10-12.
31) SB. 9, S. 203.
32) SB. 11, S. 279.
33) Vorentwurf, S. 1.
34) SB. 11, S. 279.
35) I. Richter, Das Bildungswesen im Föderalismusstreit in R. Hrbek, A. Eppler (Hrsg.), Die unvollendete Föderalismus-Reform, EZFF, Tübingen, 2005; M. G. Hüttmann, "Sicherheitsprovinzialismus" und "Bildungskleinstaaterei", in ibid., ; U. Münch, Bildungspolitik als föderativer Streitpunkt, in JdF, Bd. 6, 2005.
36) SB. 8, SS. 165-167. シュトゥンカーの発言。
37) Süddeutsche Zeitung (SDZ), 6, Dezember 2004.
38) FAZ, 18, Dezember 2004.

第 2 章　ドイツにおける連邦制改革の現状　61

39) *Der Spiegel*, Die Blamage, Nr. 52, 2004.
40) *Ibid.*; *FAZ*, 18, Dezember 2004.
41) SB. 11, SS. 279-282.
42) W. Rentzsch, Bundesstaatsreform – nach dem Scheitern der KOMBO?, in *JdF*, Bd. 6, 2005, S. 98.
43) *FAZ*, 18, Dezember 2004.
44) 以下については, R. Hrbek, Ein neuer Anlauf zur Föderalismus-Reform, in *JdF*, Bd. 7, 2006, S. 139 ff; R Sturm, Die Föderalismusreform, in R. Sturm, H. Pehle (Hrsg.), *Wege aus der Krise?*, Vlg. Barbara Budrich, Opladen & Farmington Hills, 2006, S. 113 ff.
45) Ergebnis der Koalitionsarbeitsgruppe zur Föderalismusreform in Gemeinsam für Deutschland. *Mit Mut und Menschlichkeit (Koalitionsvertrag von CDU, CSU und SPD)*, Anlage 2, SS. 168-224. Rheinbach, 2005.
46) Gesetzentwurf der Fraktionen der CDU/CSU und der SPD (BT DS-16/813).
47) この「核」は, ①では狩猟免許証, ②では自然保護の一般的原則, 種の保護法と海洋自然保護, ⑤では水資源と施設の規則, である。Ergebnis, S. 178, Gesetzentwurf, S. 2.
48) *Ibid.*
49) Ergebnis, S. 182; Gesetzentwurf, S. 2.
50) Gesetzentwurf, S. 15.
51) Ergebnis, S. 173; Gesetzentwurf, S. 3. なお第 2 文で前者の "Sofern" が後者の "Wenn" に代わった。
52) Gesetzentwurf, S. 11.
53) Ergebnis, S. 193; Gesetzentwurf, S. 4.
54) Ergebnis, SS. 191-192; Gesetzentwurf, S. 4.
55) 以下については, R. Hrbek, Ein neuer Anlauf, SS. 153-156.
56) Bundestag Plenarprotokoll, 16/44, SS. 4311-4315, Bundesrat Plenarprotokoll, 824, S. 222.
57) M. Kotulla, Umweltschutzgesetzgebungskompetenzen und "Föderalismusreform", in *Die Öffentliche Verwaltung*, H. 15, 2007, S. 491.
58) A. Eppler, *op. cit.*, S. 219.

第3章 イタリアにおける地方分権と補完性原理

高 橋 利 安

はじめに

イタリアでは，90年代初頭に顕在化した「第1共和制」の危機の深化とともに開始された「第3次分権化」の進展を「総括」するものとして，国と地方の関係を規定した憲法第2部第5章（「共和国の政治組織」「州，県，コムーネ」）をほぼ全面的に改正する憲法改正が行われた[1]。この憲法改正により，「補完性原理」（principio di sussidiarietà）が，以下の3つの条文として憲法化された。

- 第118条第1項：行政権限は，コムーネに帰属する。ただし，統一的な執行を保障するために，補完性，差異性および最適性の原則に基づき，県，大都市圏，州および国に移譲される場合を除く。
- 第118条第4項：国，州，大都市圏，県およびコムーネは，補完性原理に基づき，一般的利益に関する活動の遂行のために，個人および結合した市民の自発的な自治を促進する。
- 第120条第2項：国際規範および条約または欧州連合の規範が遵守されない場合，公共の安全と静穏に重大な危険がある場合，法的統一または経済的統一の保全，とりわけ地方政府の領域を超えて市民的および社会

的権利に関する給付の重要な水準の確保が必要とされる場合，中央政府は，州，大都市圏，県およびコムーネの機関に代替することができる。代行権限が補完性原理および公正な協力原理を遵守して行使されることを保障する手段は，法律で定める。

以上の条文から明らかなように，「補完性原理」という文言は憲法典に明記されたが，憲法上「補完性原理」が何を意味するかという定義は，全く与えられていない。しかし，通常，①第 118 条第 1 項は，行政権限の中央政府と地方政府（コムーネ，県，大都市圏）への配分原理（いわゆる「垂直的補完性原理」），②第 120 条第 2 項は，国の代行権行使に関する「垂直的補完性原理」，③第 118 条は，公共政策の公共団体（中央および地方政府）と私的団体との配分原理（「水平的補完性原理」），を意味すると理解されている[2]。垂直的補完性原理だけでなく水平的補完性原理も憲法典に盛り込まれているのは，比較憲法上，非常にまれとされている。なぜなら，そもそも哲学的・政治的原則であった補完性原理が最初に法原則として規範化されたのは，マーストリヒト条約であり，それは，EU と構成国との権限配分原則を示す垂直的な意味としてであり，水平的補完性原理は，現在のところ法原則としては，明確な形では EU 法には存在しない概念であるからである。

本稿は，「補完性原理」がイタリアにおいて憲法化される経緯および補完性原理の憲法規範的意味を，① 90 年代以降の分権改革，特に「バッサニーニ改革」の検討，② 2001 年憲法改正の検討，③ 憲法改正実施状況の検討，を通じて明らかにすることを課題としている。まず，48 年イタリア共和国憲法の地方制度の概要を明らかにすることから始めよう。

表 3-1　近年のイタリア共和国憲法第2部第5章改正の概要

	条 項 の 概 要	99年憲法的法律第1号	01年憲法的法律第3号
114条	地方制度の原則		改正
115条	州の権限と権能		廃止
116条	特別州		改正
117条	州の立法権		改正
118条	州の権限，県・コムーネ等の権限，行政事務の委任		改正
119条	州の財政自治権		改正
120条	州際課税の禁止，州際の自由な交通，州による市民の職業制限の禁止		改正
121条	州の機関およびその権限	改正	
122条	州知事，州議会議員の選挙制度等	改正	
123条	州憲章	改正	改正
124条	政府監察官		廃止
125条	州に対する適法性監督，行政裁判機関		第1項廃止
126条	州議会の解散	改正	
127条	州法の制定手続，州行政裁判所		改正
128条	県・コムーネ		廃止
129条	県・コムーネの区域，郡		廃止
130条	県・コムーネ等に対する適法性の監督		廃止
131条	州の設置		
132条	州の合併・新設，県・コムーネ帰属州の変更		改正
133条	県の区域変更・新県の設置，新コムーネの設置等		

出所：財団法人自治体国際化協会『イタリアの地方自治』，2004年，15頁。

第1節　48年イタリア共和国憲法の地方制度の基本構想

1. 分権国家の選択

　イタリアの国民国家形成は，最大の領域国家であったサルデーニャ王国による他の領域国家の併合として実現された。その結果，新生イタリア王国は，国家統一を強化する必要から，フランスの地方制度をモデルとしたコムーネ，県の2層制の中央集権的（地方団体の権限と機能が国の法律によってのみ規律され，さらに法律の適用される全ての範囲で中央政府の厳しい統制を受ける）で画一主義的な（地方団体としてのコムーネ，県のそれぞれの地域性や特殊性を無視し，国の法律によって同一の権限と機能が与えられている）地方制度を採用した。さらにこの中央集権的な権力編成は，ファシズム体制によって一層強化された。

　ファシズムを生み出した旧体制の「克服」という反ファシズム憲法として誕生した48年共和国憲法は，集権国家から分権国家への移行を選択した。それは，憲法の「基本原則」に置かれた第5条「1にして不可分の共和国は，地方自治を確認し，促進する。共和国は，国家に属する事務に関して最大限の行政的分権化を実施し，立法の原則および方法を自治および分権の要請に適合せしめる」に明確に示されている。

2. 国家形態としての「州国家」の選択――州を中核とした3層制

　この「基本原則」を踏まえて，憲法第2部「共和国の政治組織」第5章「州，県，コムーネ」が置かれている。まず，「共和国は，州，県およびコムーネに区分される」（第114条）とし，3層制の地方制度の採用が示され，州は「憲法が定める原則にしたがって固有の権限および機能を有する自治団体」（第115条）とされ，「県およびコムーネは，共和国の総括的な法律が定

める範囲内で自治団体である」(第128条)とされている[3]。即ち，3層制において州のみが憲法上の自治権を持つ地方公共団体であることが示されている。憲法は，州の自治権について以下のように規定している。

(1) 規範定立上の自治　これには，①立法権，②憲章制定権，③規則制定権が含まれる。①については，憲法が限定列挙する事項について「国の法律の定める基本原則の範囲内で」行使され，「国の利益および他の州の利益に反してはならない」(第117条第1項)として国との競合的立法権のみを保障している[4]。②については，「各州は，憲法および共和国の法律の範囲内で，州の内部組織に関する規定を定める憲章を持つこととする」(第123条第1項)とし，法律の範囲内での憲章制定権を認めており，その制定手続きを「州議会により，その過半数で可決し，法律によって承認する」(同第2項)と定めている。③については，「共和国の法律を執行するための規則を定める権限を法律により州に委任することができる。」としている(同第2項)。

(2) 行政自治　第118条第1項で「前条に掲げた事項に関する行政権能は，州に属する。ただし，専ら地方的利益に関する事項については，共和国の法律により県，コムーネまたはその他の地方公共団体の権限とすることができる」として，州に帰属する国との競合的立法事項に関してのみ，行政権能も州に帰属するという「権限の並行主義」(parallelismo delle funzione)を採用している。また，「国は，法律によってその他の行政権限の行使を州に委任することができ」，「州は，通常，その行政権限を県，コムーネもしくはその他の地方公共団体に委任し，またはその機関を利用して行う」と規定している。

(3) 財政自治権　「州は，共和国の法律で定める形式と範囲において，財政上の自治権を有する」(第119条第1項)と規定し，財政自治権を認めているが，その具体的内容は法律事項とした。また，州の「通常事務を遂行す

図3-1 イタリアの州

① ヴァッレ・ダオスタ州
② ピエモンテ州
③ リグーリア州
④ ロンバルディア州
⑤ トレンティーノ＝アルト・アディジェ州
⑥ ヴェネト州
⑦ フリウリ＝ヴェネツィア・ジュリア州
⑧ エミリア＝ロマーニャ州
⑨ トスカーナ州
⑩ ウンブリア州
⑪ マルケ州
⑫ ラツィオ州
⑬ アブルッツォ州
⑭ モリーゼ州
⑮ カンパニア州
⑯ プッリャ州
⑰ バジリカータ州
⑱ カラブリア州
⑲ シチリア州
⑳ サルデーニャ州

るのに必要な」財源を確保するために州税の課税権，国税の一部の州への配分を認めていた。(同第2項)

　以上から，共和国憲法が構想する地方制度は，州を自治と分権の中核的な担い手とした3層制を基本的構造としているといえる。換言すれば，広範な自治権を持った州から構成される共和国（あるいは州の緩やかな連合）という，単一国家と連邦制国家との中間的形態として位置づけられている「州国家」(Stato regionale)[5]という権力の垂直的編成＝国家形態を採用したと評価できる。（州国家の特徴については表3-2参照）

第3章　イタリアにおける地方分権と補完性原理　69

表 3-2　州国家と連邦国家の対比

州　国　家	連　邦　国　家
①独自の憲法ではなく憲章の制定権を持つに止まる。 州は，中央政府が認める範囲内で自らの組織を決定できる。	①連邦構成国は，独自の憲法を制定できる（憲法上の自主制定権）。
②州は，司法権をもたない。州政府が憲法の明文で列挙された事項について立法権及び行政権を持つ一方，中央政府は，一般的な権限を持つ。	②立法権，行政権および司法権の憲法上の分配が，連邦構成国に一般的権限が帰属し，連邦政府に憲法に列挙された権限のみが留保されるという原則で行われている。
③州の財政自治権は，中央政府が決定する限界によって制限されている。	③連邦構成国に独自課税権が存在する。
④州には，外交権が欠如している。	④連邦構成国は，国際的協定を締結することができる。
⑤州を代表する第2院が存在しない。	⑤連邦構成国は，連邦の機関の形成に参加でき，構成国を代表する連邦上院（第2院）が存在する。
⑥州は，憲法改正には参加しない。	⑥連邦構成国は，連邦憲法の改正に参加する権限を持つ。
⑦地方自治体（コムーネ，県）の自治が憲法によって保障されており，州の介入を排除している。	⑦連邦構成国の権限を保障するための憲法裁判所が存在する。
⑧中央政府と州との間の権限をめぐる紛争について解決する権限を持った憲法裁判所が存在する。ただし，解決にあたっては，州の権限に属する事項についても全国的利益（interesse nazionale）の優越性を保障する形で行う。	⑧連邦構成国の領域に対する権利が存在する。即ち，構成国の同意なしに領域を変更できない。

出所：Tania Groppi, *Il federalismo,* Roma, Laterza, 2004, pp. 9-12 を参照して作成。

第2節　90年代以降の地方制度改革の流れ

　90年代は，州自治および地方自治（コムーネおよび県の自治＝autonomie locali）全般に根本的な革新をもたらした大改革の時代であった。ここでは，本稿の課題との関係で重要な新地方自治法（1990年6月8日法律第142号「地方自治法」（Ordinamento delle autonomie locali）と「第3の分権化」の開始を印した「バッサニーニ改革」を検討することにする。

1. 1990年法律第142号による改革[6]——戦後最初の地方自治に関する総括的法律

　フランスをモデルとした中央主権的で画一主義的な地方制度に代わって，「州国家」という広範な自治と分権を保障した憲法の原則を具体化する「新地方自治法」が，ようやく1990年に制定された。その主要な内容は以下の通りである。

　①コムーネ，県への固有の憲章（statuto）の制定権（憲章上の自治）および憲章の実施に関する規則制定権の承認。

　②コムーネを「固有の共同体を代表し，自らの利益を管理し，その発展を促す地方団体」と定義し，「国の法律および州法で帰属が明確に規定されている権能を除いて，住民サービス，地域共同体，地域整備および土地利用，経済発展に関する行政権限は，主としてコムーネに属する」としている。（第9条第1項）即ち，実質上「（垂直的）補完性原理」の採用[7]。

　③諮問的住民投票に代表される住民参加諸制度の促進および活用。

　④公文書の公開および行政情報への市民のアクセス権の保障。

　⑤合併に到達する中間段階である連合という様式を通じた，人口5,000人

未満のコムーネ間での合併の奨励。
⑥合併の対象となっている個々のコムーネの領域において，1人の代理コムーネ長によって統治される地方自治体という制度の規定の導入。
⑦県に代位するものとしての9つの大都市圏（トリノ，ミラノ，ヴェネツィア，ジェノヴァ，ボローニャ，フィレンツェ，ローマ，バーリ，ナポリと，それらと経済活動・社会生活へのサービスのみならず文化的な関係および地域的な性格において関係のあるコムーネを含む区域）の設置。
⑧地方の公共サービスの運営形態として，第3セクターへの委託に加えて，特殊企業，非営利団体，地方団体を主たる株主とした株式会社によることを可能にした。また，地方団体の理事者と私法上の契約を締結することを可能にした。
⑨州と地方団体との対立あるいは混乱を回避するために，両者の役割・権限の明確化，および意思疎通のために，州と地方団体の双方の代表者からなる「州・地方団体会議」（Conferenza Regioni-Province e Comuni）という恒常的な協議機関の設置。

以上の新地方自治法は，総じて地方団体の自治権を強化し，国の統制関与を削減した点で，90年代の分権自治を拡大する流れを加速した。また，この法律は，州に地方自治制度全体の推進力および調整という権能を与えることで，州を行政の担い手・主体から立法者および計画立案者へと転換することが意図されたと評価されている。（憲法裁判所判決1991年第343号）

2.「バッサニーニ」改革[8]

1997年3月からの2年間に，地方分権と中央政府の再編を中核としたイタリアの行政システム全体の改革を目的とする，一連の重要法律が成立した。これらの法律は，96年4月の総選挙の結果誕生した戦後最初の中道左

派政権プローディ内閣によって，最優先の政策課題として推進されたもので，プローディ内閣の地方行政担当大臣（公共職能および州問題担当大臣 Franco Bassanini）の名前にちなんで「バッサニーニ」法と呼ばれている。

バッサニーニ改革は，①国と地方との権限配分の見直し（地方分権），②中央行政機構の改革（首相府・省庁の改革，国の公的団体の再編，行政監督とコスト評価，大学，科学研究分野の再編），③公務員制度改革，④行政の簡素化，⑤学校の自治，と広範囲にわたる。実際，バッサニーニ改革の実施には，バッサニーニ法と名付けられた4本の法律を中心に，50本を超える委任命令，36本の関連規則，29本の省令，15本の首相命令，さらに162に上る通達，指令などが用意された。ここでは，本稿の課題である地方分権と補完性原理という視点から，①に限定してその内容を紹介・検討する。具体的には，バッサニーニ改革の基本法である97年法律第59号「行政改革および行政簡素化のための州および地方団体への権限および事務の委譲に関する政府への委任法：バッサニーニ法1[9]」を取り上げる。

(1) バッサニーニ法1の内容

バッサニーニ法1は，4章22条構成でバッサニーニ改革全体の概要を示す野心的な改革法であるが，本稿の視点から注目される内容は，以下の点である。

第1に，「憲法第5条，第118条および第128条にしたがって，行政権限および事務を州および地方団体に移譲するために法律命令を公布する権限を政府に委任する。」（第1条第1項）ことを法の目的としていることである。ここから，①国から州および地方自治体への権限の委譲の新たな段階が（「第3次の分権化」）本格的に開始されること，②権限の移譲に関しては憲法の枠内で行うこと，③権限の移譲の法的手段として委任立法（legge-delega, 憲法第76条）[10]を採用したことが判る。特に③は重要な意味がある。即ち，憲法第118条は，憲法自体が州に賦与した以外の行政権限を新た

に州に移譲する場合は法律で行うと定めているのに対して，第1条により，州および地方自治体に権限および事務を移譲する手段として，憲法第77条[11]の定める法律命令を政府が採用することを可能にしたからである。

　第2に，国が一部の特定の機能を州に移譲することに代えて，法が限定列挙した権能と事務だけを除外して（第1条第3項）[12]，地域の利益の管理および発展の促進に関する行政上のすべての機限および事務を，一般的に州および地方自治体に移譲することを明記したことである。（第1条第2項）また，権限が移譲された事項に関して，憲法第117条にしたがい州は規則を制定する権限も持つことになった。（第2条）こうして，国と地方との行政権限の配分基準は180度転換され，法律が沈黙している分野については地方自治体および州に帰属し，法律に明示的に規定された事項についてのみ国に留まることになったことを意味する。この転換は，イタリアでは「行政的連邦主義」の実現と呼ばれている。

　第3は，政府が権限を州および地方団体に移譲する際に満たさなければならない義務を，明記したことである。（第3条）この義務の中には，①国の行政として保持すべき権能および事務を厳格に定めること（第1項a）号），②1990年6月8日法律第142号（新地方自治法）第3条に基づき，かつ本法第4条第3項a）号の定める補完性原理を遵守して，州に移譲されるべき権能および事務，憲法第128条および第118条第1項の規定にしたがって，地方団体に移譲すべき権能および事務を厳格に確定すること，③財産，財源，人材，組織的資源を，州相互間および州と地方団体との間に帰属させ，および配分する基準を確定すること，④この移譲を3年以内に実行すること，が含まれている。

　第4は，国から州および地方団体への権限の委譲に際して遵守すべき原則として，「補完性原理」を明記したことである。（第1条第2項）こうして，EU法上の「補完性原理」がはじめてイタリア法に導入された。バッサニー

ニ法1の中核というべき国と州および地方団体との権限配分原理である補完性原理は,「その規模では行うことができない権能だけを除いて,行政事務および権限の全体は,それぞれの領域上,連合上,組織上の規模に応じて,コムーネ,県,山岳共同体に帰属する。さらに,社会的意義のある機能や事務の,家族,結社,および共同体による実施を促進するためにも,公的責任を関係市民に地域的にも機能的にも最も近い当局に帰属させる」と定義されている。(第4条第3項a)号)[13]

第5は,権限の移譲を行う際に遵守すべき基本原則として,「補完性原理」に加えて9つの原則を明記したことである。この原則として,①完全性の原則（principio di completezza）（「補完性原理に従って,コムーネ,県その他の地方団体に帰属しない行政権能の州への帰属」),②不要となった権限および事務の廃止を含む効率性および経済性原則,③国,州および地方団体間の協力原則,④権能・事務の単一の主体への帰属,サービス・活動を連携して行う場合にも,責任主体を確定できるという,行政の責任および単一性原則,⑤同質性原則,⑥他の団体と連携した形態でも事務の履行を保障するという,行政の組織的適合という適合性原則,⑦地方団体の連合上,人口上,地域上および組織上の多様性を考慮して,権限を配分するという差異化原則,⑧移譲された行政権限を実施する経費の,財政および資産上の保障の原則,⑨移譲された行政権限および事務の実行における地方団体の組織上,規則制定権上の自治および責任性原則,を挙げている。(第4条第3項)

(2) バッサニーニ法1における「補完性原理」

バッサニーニ法1によって,はじめて明示的に補完性原理がイタリア法制度に導入された。バッサニーニ法1における補完性原理に関する規定は,入り組んだ,複雑な構造になっているが,通常,以下のように理解されている。

①垂直的補完性：第1条第2項,第3項および第4条第3項a）から,権

限の多様な地域的レベルの政府への配分基準として，まず，「公的責任を関係市民に地域的にも機能的にも最も近い当局に帰属させる」という「近接性」を大原則として，「行政事務および権限の総体は，地域的および組織的規模にしたがってコムーネ，県，山岳共同体に帰属しなければならない」としている。他方，上級レベル（国家および中央行政の行政権限は，法律に列挙された事項および事務に限定されるので，州のみであるが）には，コムーネ，県，および山岳共同体それぞれの地域的，連携的および組織的規模から，実施できない権限だけが帰属する。

②水平的補完性：配分された権限の公行政の領域と私的主体への配分という側面に関しては，「社会的意義のある権限や事務の，家族，結社，および共同体による実施を促進するため」という水平的補完性を示すと理解しうる規定が盛り込まれているが，非常に曖昧であり，また全体の文意からも直接的に水平的補完性を意味すると解釈することは困難であるとされている。

第3節　2001年憲法的法律第3号による憲法改正[14]

プローディ政権は，「バッサニーニ改革」と同時並行して，憲法第2部「共和国の政治組織」の全面的な改正草案の作成権を持った「両院合同委員会」（委員長の名からダレーマ委員会と呼ばれる）を設置し，憲法改正作業を進めていた。両院合同委員会は，憲法第2部の改正案の作成に成功したが，議会の審議で与野党の対立が激しくなり，結局改正案は廃案となった。これは，「政治制度工学」（ingegneria costituzionale）に基づき，与野党の合意に基づく両院合同委員会を通じた「憲法の大改革」（grande riforma）の断行という路線の挫折を意味した。この結果，通常の憲法改正手続きによる「実現可能な部分改革の積み上げ」方式への方向転換を余儀なくされた。この方式で

ダレーマ中道左派政権の下で実現した重要な憲法改正が，2001年10月18日憲法的法律第3号「憲法第2部第5章の改正」である。この憲法改正は，イタリアの単一国家から「連邦制」への移行の第一歩を印したとの評価も存在するように，国と地方との関係を根本的に変更したという内容の点でも，与党だけで単独採択され，戦後初めて国民投票によって承認されたというその手続きの点でも，戦後の憲法改正史上の画期となるものである。この憲法改正の内容を本稿の視点から重要な点に限って検討しよう。

1. 国 (stato) と州および地方団体の同格化 (第114条)

　憲法的法律第3号第1条によって，憲法第114条第1項は，「共和国 (Re-pubblica) は，コムーネ，県，大都市圏，州および国 (Stato) よって構成される」へと改正された。新規定は，たんに旧規定（「共和国は，州，県およびコムーネに区分される」）とだけでなく，共和国内部における国，州，県およびコムーネ相互間の今までの関係全体とも大きく相違していることは明らかである。また，第114条の改正と同時に，憲法の第115条，第128条および第129条が廃止されただけでなく，州の行政活動に関する国の統制を定めた条項（第125条第1項）および県・コムーネの行政活動に対する州の統制に関する条項が併せて廃止されたことを考えれば，この相違はより一層大きな意味を持ってくる。

　新第114条の規定は，多くの新しい要素をもっていると同時に，多くの問題を投げかけている。その主なものとして以下の事項を挙げることができる。

　(1) 共和国に対する地方団体の新たな編成に関する問題。この点では，①共和国はもはや州，県，コムーネに「区分される」のではなく，コムーネ，県，州に加えて大都市圏および国によって「構成される」ことをどのように理解するかという問題，②共和国を区分する単位としてはより広域的な地方

団体である州から始まっていたのに，構成する団体の順序としては国民にとって最も身近な基礎的自治体であるコムーネから始まっているということを，どのように理解するかという問題，の2側面がある。

（2）共和国を一緒に構成する団体として国（Stato）も挙げられていることを，どのように考えるかという問題。即ち，なお国と共和国を同一視することができるのか否かという問題。この点では，コムーネ，県，大都市圏および州を自治団体と規定しているが，国は自治団体のリストからはずされていることから，いぜん主権の帰属主体の地位を維持していると理解されている。

（3）第114条が挙げた団体の相互関係についての問題。この点では，国と州が同格化されただけではなく，全ての団体が基本的には上下の関係ではなく，水平的な関係になったことに関する問題である。（このことは，第114条第1項だけでなく，同条第2項および第115条と第128条が廃止されたことによって，県・コムーネに明確に憲法上の自治が保障されたことからも明らかなように思われる）

（4）大都市圏が他の団体と「同格」の地域団体となったことに関する問題。さらに，この大都市という新たな団体の構造に関する規定が欠如していることである。

（5）第114条第3項が規定した共和国の首都であるローマ市（コムーネ〔comune〕ではなく，città di Romaという文言を用いている）の特別の憲章に関する問題である。

2．州の立法権の強化
（1）立法権の配分原則の転換

　国と州との立法権の配分に関する新しい第117条は，改革全体の中で最も革新的な部分と評価されている。第117条の旧規定は，同条に列挙された事

項に関する細目を定める法規範を作成する可能性のみを州に帰属させるという形で、立法権を国と州に配分していた。しかし、第117条の新条項は、この基準を逆転させ、まず、国に排他的な立法権が帰属する事項の限定されたリストを掲示し（第2項）、続いて国の法律に留保された基本原則の確定を除いて州に立法権が帰属する事項のリスト（競合事項、このリストは、確かに多くの問題点を含んでいる）を挙げ（第3項）、最後に明文で国に留保されていない事項は、排他的に州に帰属するとの原則を規定している。

即ち、立法権の国と州との配分原則を、憲法に限定的に列挙した事項のみを州の立法事項とするという原則から、憲法で国の立法事項と列挙した以外の事項は州に立法権を配分するという原則に転換し、州の立法事項を大幅に拡大したのであった。この憲法改正の意味として次の3点を挙げることができる。

第1は、ともに憲法に従属し、欧州連合法および国際的な義務に拘束されるものとして、対等な地位を国法と州法に与えた（＝国法と州法を法源上同じレベルに置いている）（憲法第117条第1項）ことである。この結果、EU法は、完全にイタリア法体系を構成するものとなった。第2は、州法に対する政府の統制を廃止することで、イタリアを近代的な州制度から遠ざけてきた制度の1つが姿を消した（憲法第124条）ことである。最後に、立法権の配分について州法への残余・優先条項が置かれたことである（憲法第117条第4項）。この結果、「新たな法源体系においては、国法が持っていた、自らが規律し規定していた事項に関して、統一的権限を持つという準憲法的法源としての地位を失い、今や、憲法、EU法および国際法上の拘束のみが、全ての立法者を拘束する統一的要素」となった。

以上の3点全ては、「立法機能に関する憲法条項の階層性の再検討をせまるもの」であり、「『立法権は、両院が協力して行使する』という憲法第70条は、立法権の分析における中心的な地位を失い、議会の立法手続のみを規

律する条項として，第2次的な役割を果たすこと」になった[15]。

(2) 立法事項の分配

(i) 国に排他的立法権が帰属する事項

　国に排他的立法権が帰属する事項として列挙されたものは，国が伝統的に行ってきた機能におおよそ集約される。それは以下のように分類できる。

　①国際関係：外交，国際関係および欧州連合との関係，庇護権および欧州市民ではない者の法的地位，移民（州との協力が規定された事項，第118条第3項）（＝a）号），共和国と宗教団体との関係（＝c）号）。②経済・通貨政策：通貨，貯蓄の保護および金融市場，競争の保護，通貨制度，国の租税制度および会計制度，財政資源の調整（＝e）号）。③国の組織：国の機関およびその選挙法，国レベルのレファレンダム，欧州議会選挙（＝f）号）；国および国の公共団体の行政制度および組織（＝g）号）；コムーネ，県および大都市の選挙法，統治機関および基本的権能（＝p）号）。④人の法的地位：移民（＝b）号），国籍，個人の身分および住民登録（＝i）号）。⑤国の安全保障：国防および軍隊，国家の安全保障，武器，弾薬および爆薬（＝d）号），地方の行政警察を除く治安および保安（＝h）号）。⑥福祉国家：国土全体で保障されなくてはならない市民的および社会的権利に関する給付の基本的水準の決定（＝m）号），教育に関する一般規則（＝n）号），社会保障（＝o）号）。⑦司法：司法および手続法，民事法および刑事法，行政争訟（＝l）号）。⑧環境保護：環境，エコシステムおよび文化財の保護（＝k）号）。⑨分類不能なもの：税関，国境の防備および国際的予防措置（＝q）号），度量衡，尺度および標準時の決定，国，州および地方の行政データの統計，および情報処理技術に関する情報の調整および知的財産権（＝r）号）。

(ii) 国と州の競合事項

　憲法的法律第3号によって修正された第117条の第3号（「競合的立法事項については，州に立法権が帰属する。ただし，基本原則の決定は，国の法

律に留保される」）によっても，競合的な立法事項における州の立法権行使の改善をもたらさなかった。というのも，改正前から問題であった国の「枠組み法（legge cornice dello Stato）」（特定の事項に関する基本原則を示す国法）と州法との関係に，明確な解決策を規定に盛り込むことができなかったからである。しかし，すでにバッサニーニ改革の成果も受けて競合的立法事項は，旧117条と比べて次のように拡大された。①州の国際関係および州と欧州連合との関係，②外国との通商，③労働の保護および安全，④学校の自治並びに職業訓練および職業教育を除く教育，④職業，⑤科学および技術研究並びに生産的セクターの革新のための支援，⑥健康の保全，⑦食品，⑧スポーツ法制，⑨民間防衛，⑩領土の管理，⑪民間の港湾および空港，⑫大規模な輸送および航行網，⑬通信制度，⑭エネルギーの生産，輸送および全国への配給，⑮補充的および補完的な保険，⑯公的収支の調和並びに公財政および租税制度の調整，⑰文化財および環境財の評価並びに文化活動の推進および組織化，⑱貯蓄銀行，農業金融公庫および州レベルの信用金庫，⑲州レベルの不動産および農業信用団体。

(iii) 州の残余・排他的事項

　代表的で重要な事項として以下のものが考えられている。①州の制度および組織（憲章で国法に拘束されない新しい組織のモデルを定める可能性を含む），②農業，林業，狩猟，漁業（エコシステムの保護との関係で国の権限との調整が必要），③手工芸（手工芸的な形態における財およびサービスの生産，手工芸の個人経営および協同組合の保護，発展について），④商業，⑤工業（1998年3月31日立法命令第112号「1997年3月15日法律第59号第1章の実施に関する国の行政権限および業務の州および地方団体への移譲」，第17条第2項が定める機能も国に留まるか，州に移譲されるかの検討が必要），⑥観光業およびホテル業，⑦エネルギー（地方的利益および自己生産の側面に関して），⑧商工会議所，⑨輸送および道路整備，⑩鉱山およ

び地熱資源，⑪鉱泉および温泉，⑫教育援助，⑬興行，⑭社会的サービス，⑮公共住宅建築，⑯公共事業，⑰州および地方行政警察．

3. 行政権の配分原理の根本的転換——「補完性原理」の憲法化

この改正によって，新第114条第1項が定める共和国を構成する多様な主体（コムーネ，県，大都市圏，州，国）相互への行政権能の配分の在り方が，根本的に変わった。新第118条は，以下のように定めている。

第1項：行政権限は，コムーネに帰属する。ただし，その統一的執行を確保するために，補完性，差異性，最適性の原則にしたがって，県，大都市圏，州および国に移譲される場合を除く。

第2項：コムーネ，県および大都市圏は，固有の行政権限および国又は州の法律により各々の権限に基づき移譲された行政権限を保持する。

第4項：国，州，大都市圏，県およびコムーネは，補完性原理に基づき，一般的利益に関する活動の遂行のために，個人および結合した市民の自発的な自治を促進する。

以上の規定がもたらした既存の制度の改革点として，以下の点が指摘できる。まず第1は，州に立法権のある事項のみに行政権を認めるという，立法と執行の「並行主義」が放棄されたことである。（第2項）並行主義の放棄については，「やや大げさな印象を与えるが，強度に集権的なフランス型モデルから，地方レベルにおける全ての行政が，州（Länder）によって行われ，他方中央国家（Bund）は中央レベルにおいてのみ固有の行政を執行するドイツ・モデルへ，われわれは移行しつつあるかに見える」[16]との評価も存在する。少なくとも「新しいシステムにおいて国は，旧憲法の枠組みにおいては保持していた，明白に他の主体に帰属していない行政権限の執行に関する一般的な権限を全て失った」[17]ことは，疑問の余地もない。

第2には，国法であれ，州法であれ，他の地方団体に行政権限を配分するときに遵守しなければならない基準を憲法化したことである。(第1項) 第1の基準は，行政権限は，原則的に基礎自治体であるコムーネに帰属するという「近接性」の原則（＝垂直的補完性原理）である。第2にコムーネとは違う主体（県，大都市圏，州，国の順）に行政権限を配分する時には，権限の統一的執行を要件とするものである。さらに，コムーネ以外の団体に権能を配分することを正当化する「統一的執行」という要素を判断するときに遵守すべき原則として，補完性の原則，差異化の原則，最適性の原則という3つの原則を明示したことである。この規定には，バッサニーニ法1第4条の規定が大きな影響を与えていることは明らかである。

　ここで強調すべきことは，国の行政権限および事務の様々な地域レベルへの配分基準として垂直的補完性原理が最終的に憲法レベルで導入されたこと，それと同時に行政権限の配分原則として，差異化，最適性の原則も憲法化されたことである。

4. 国家統制の縮減

　最後の重要な改革の柱は，州および地方団体の立法・行政活動に対する広範な国家統制を定めていた条項（第124条，第125号，第127号，第130条）を廃止および改正して，分権・自治を強化したことである。この結果，国の州法に対する事前統制は完全に廃止され，州法に対する国の統制は，州法の権限踰越を理由とした事後的な憲法裁判所への憲法適合性審査の提訴権に限定されることになった。(第127条第1項) また，憲法は，国法が州の立法権を侵害していることを理由に国法の憲法適合性審査を憲法裁判所に求める権限を新たに州に付与し（同条第2項），さらに，国の州の行政行為に関する統制および統制の要の機関であった共和国監査官を廃止した。しかし，同時に州の行為および州機関に対して，憲法および国家的一体性を保障する重

要な権限として，①国の代行権，②州議会の解散および州知事の解任権，を国に留保している。その内容は以下の通り。

①国の代行権　憲法新第120条第2項は，(ア) 国際規範，国際条約，欧州連合の規範を遵守しない場合，(イ) 公共の安全と静穏に重大な危険がある場合，(ウ) 法的統一および経済的統一，とりわけ地方政府の領域を超えて，市民的・社会的権利の保障の主要な水準の確保が必要な場合，という3つの場合に，中央政府に州（および他の地方団体）機関の権限を代行する権限を認めている。なお，この国家の代行権は，補完性原則と誠実協力原則を遵守して制定される法律が定める手続きに従って，行使されなければならない。

②州議会の解散および州知事の解職権　この権限は，地方政府の通常の良好な機能を保障するためではなく，(ア) 憲法に反する行為または重大な法律違反，(イ) 国家の安全，という特に重大な行為に限定して国に認められた権限である。(第126条第1項) 解散および解職は，州問題に関する両院合同委員会の意見を聴取した上でなされる閣議決定に基づいて発せられる大統領令によって行われる。

第4節　憲法改正後の状況

1. 憲法改正の実施をめぐる動向

2001年憲法改正の成立とほぼ同時に総選挙が実施され，中道左派政権からベルルスコーニに率いる「自由の家」を与党とした中道右派政権へと政権が交代した。この政権交代は，2001年憲法改正を単独で「強行」した政権から，この改正を「まやかしの改革」と批判し，「連邦制」への移行を目指し，独自の憲法改正の断行を最重要課題の1つとした政権への移行を意味し

た。(実際,ベルルスコーニ政権は,4年後の2005年11月には,自らの憲法改正案を成立させるのに成功した。しかし,国民投票の結果,廃案になった)[18] ベルルスコーニ政権は,2001年憲法改正の内容を実施するための作業を徹底的に「サボタージュ」し,実施のための枠組みを示した「ロッジャ法」(2003年6月5日法律第131号「共和国の政治組織を2001年10月18日憲法的法律第3号に適合させるための規程」,地方制度担当大臣の名前からロッジャ法と呼ばれている)を制定したに止まり,改正内容の実施のための具体的措置はほとんど採らなかった。また,憲法的法律第3号には,「経過規定」が欠如しているという法技術的な「不備」もあり,その実施に関して多くの解釈上の問題も生じた。

　以上の政治的状況や法技術的問題もあり,国会は,憲法改正で州の立法事項とされた事項について州議会に立法化させることに抵抗し,改正前に国の立法事項であったものについて立法し続けた。このため,州政府によって,このような国の法律に対して,州の立法権限を侵害していると多くの権限配分争議が憲法裁判所に提起されることとなった。その結果,憲法裁判所の扱った全件数に占める国と州との権限争議数の比率は,2002年の2%から03年には15%へ,さらに04年には22%へと跳ね上がった。この国と州との権限争議の増大は,憲法上の権利に関する司法裁判所からの憲法適合性審査を求めた移送による訴訟が中心であったイタリアの違憲審査の歴史にとって,新たな展開であると評価されている[19]。また,この事態に対して,憲法裁判所長官は,2003年度の総括報告書の中で「このこと〔州と国との立法権の帰属紛争の解決〕は,憲法裁判所の職務として期待されるものでも望ましいものでもない」[20]と強調している。こうして,図らずも2001年憲法改正の内容の確定・実施の舵取りは,改正の生みの親であるプローディ率いる中道左派連合(ウニオーネ)が06年総選挙で政権に復帰するまで,主として憲法裁判所に委ねられることになった。

2. 憲法裁判所判決 2003 年第 303 号[21]――憲法裁判所による憲法の「書き換え」？

2001 年憲法改正に関する数多くの判決中で，ここでは，本稿の課題との関連で，「補完性原理」についての重要判決で「憲法の書き換え」[22]とも評価されている判決第 303 号を取り上げることとする。

(1) 事案の概要

2001 年憲法改正の成立直後に，ボルツァーノおよびトレント特別自治県とともにトスカーナ，マルケ，カンパーニャ，バジリカータ，エミリア=ロマーニャ，ウンブリア，ロンバルディアの 7 州は，「戦略的生産のためのインフラおよび設備並びに生産活動の活性化のための助成に関する事項の政府への授権法（2001 年 12 月 21 日法律法律第 443 号）」という大規模公共事業に関する法律が改正後の憲法第 117 条に違反している，と憲法裁判所に提訴した。原告各州の提訴理由は，①同法で規律している大規模公共事業は，第 117 条第 1 項が掲げる国の排他的立法事項リストには存在せず，国の排他的立法事項ではない，②「大規模公共事業の決定」は，競合的立法事項に含まれるとしても，中央政府と州との合意に至る双務的な決定過程から州を排除するような内容になっている，換言すれば，基本的原則に止まらず州の立法権を侵害する「具体的な」条項を含んでいる，という 2 点で，法律第 443 号は憲法第 117 条違反であるということであった。しかし，憲法裁判所は，州に競合的立法権が帰属する事項に関する行政権限の行使について，憲法第 118 条が規定するようにその統一的な執行が必要な時には，国の立法機関が，当該行政権能を行使し，規律することができるとし，州の主張を退けた。

(2) 判決の内容と検討

憲法裁判所は，2001 年憲法改正により，確かに立法権の国と州への配分

は明確となったが，国の立法事項を憲法に列挙した事項に限定したり，競合的立法事項に関しては基本原則の決定に国の権限を限定することは不可能であり，ドイツにおける「競合的立法（Konkurrierende Gesetzgebung）」（ドイツ連邦共和国基本法第72条第2項）やアメリカ合衆国における「連邦の優越条項（Supremacy clause）」（アメリカ合衆国憲法第6条第2項）のような連邦制国家にも存在する国家的利益を考慮した，国と州との権限配分の柔軟性を担保する仕組みがなくてはならないという認識を出発点としている。憲法裁は，この認識に立って，①イタリア憲法にも国家の統一と不可分性原則を守るために，システムを単一化するのに有益な要素が存在し，それには補完性原則と比例原則が含まれる，②補完性原則は，行政権限の配分に関する原則と理解されてきたが，立法権の憲法上の配分に関する柔軟性の仕組みを導入するための原則としても利用されるべきであり，③法の支配の支柱としての「合法性原則」の下では，国レベルで補完性原則にしたがって行使されている権能は，国法によって組織され，規定されなくてはならないという結論を導き出している。

　こうして，憲法裁は，補完性原理を立法権の配分原理としても適用することで第117条に規定された立法権限の配分規定からの逸脱を容認し，国の立法権の拡大を認めた。しかし，同時に逸脱が合法化される条件として，逸脱が，①州の権限を国が行使することを正当化する公的利益に比例する範囲に限定されていること，②厳密な憲法上の精査に耐えられるものであること，③州との合意を得て行われること，という3つの厳しい条件を明示した。ここで強調すべきことは，③の条件に示されるように，憲法裁が補完性原則および最適性原則について「手続的で合意重視のアプローチ」を採用したことである。換言すれば，補完性原則を国と州（地方団体）との権限配分に関する実質的な基準というより，むしろ権限配分に際して踏むべき手続きの基準（特に権限の確定における関係団体の協議・合意の必要性といった）として

解釈していることである。

　以上の判決303号は，2001年の憲法改革によって決定された権限配分は，変更可能な柔軟なものであり，国および地方政府間の協力という原則が尊重されているという条件を満たせば，国家的統一という利益を保護するために，中央政府による権限の配分の見直しは可能であるという結論へと導いた。と同時に，イタリアにおける新しい地方政府システムの形成において，憲法裁判所が中心的な役割を果たしていることを実証した[23]。

おわりに

　非常に不十分ながら，1990年代以降の地方分権改革の経緯・内容を「バッサニーニ改革」と2001年憲法改正の内容を検討する作業を通じて，イタリアにおいて補完性原理を考えてきた。最後に，あらためてイタリア戦後法史における補完性原理をめぐる動向を整理することで，補完性原理への対応のイタリア的特徴を指摘することでまとめに代えたい。イタリア憲法学において補完性原理研究で著名なダテーナ（Antonio D'Atena）は，イタリアにおける補完性原理の経験を以下の4つの時期に区分している[24]。

　①憲法制定期：補完性原理の思想的源泉の一つであるカトリックの社会理論が，イタリア憲法典の作成に大きな影響を与えたこともあって，「補完性」という文言は使われていないが，それに対応する原則が暗黙の憲法原則として書き込まれた（社会組織の自律性，そこにおける人権の保障を規定した第2項，カトリック以外の宗派に関して規約上の自治を認めた第8条，家族の自律・権利を認めた第30条，州国家に関する第5条，第118条など）時期。

　②第2期：補完性原理の否定　80年代中葉まで続く，憲法典に存在した補完性原理の「萌芽」が窒息させられた時期。この結果，「州国家」という

憲法構想は，(ア)憲法で州の立法事項と明記された事項の内容を国法によって変更することで，州に帰属する権限の一部を剝奪すること，(イ)州の固有の権能に関する事務を指導・調整する命令を制定できる権限を，国に付与する法律を制定すること，(ウ)競合的立法事項について「基本原則」を超えて詳細に細部まで規定した国法を制定すること，を通じて中央集権的な形で具体化されることとなった。

③第3期：補完性原理の再出現・立法化　80年代末には始まり，バッサニーニ法によって補完性原理がイタリア法制度上の原則とされた時期である。補完性原理の再発見という新しい潮流は，イタリアの国内からではなく，「公的な責務は，一般に，市民に最も身近な当局が優先的に遂行する」という「近接性」および「補完性原理」と理解されているヨーロッパ地方自治憲章の採択に示されるように，ヨーロッパから発信された。イタリアもこの潮流に影響を受け，ヨーロッパ地方自治憲章を批准し，新地方自治法（90年法律第142号）を制定し，コムーネ，県および州の事務の配分に事実上「補完性原理」を盛り込んだ。さらに，マーストリヒト条約に補完性原理（第3b条第2項「共同体は，その専属的権能に属さない分野については，提案された措置の目的が加盟国によって十分には達成され得ず，したがってその措置の規模または効果からみて共同体による方がより良く達成できる場合には，その限りにおいて，補完性原理に従って措置をとる」）が盛り込まれたのに影響を受けて，バッサニーニ法1は，補完性原理をイタリア法上の原則とした。この時期までは，法原則としての補完性は，権限の国と地方との配分原則および地方政府間での権限配分原則という垂直的な意味が中心であった。

④第4期：補完性原理の憲法化　戦後最初の中道左派政権によって進められた地方分権・行政改革の総括として行われた2001年憲法改正によって，補完性原理が水平的側面をも含めて憲法化されることとなった。

第3章　イタリアにおける地方分権と補完性原理　89

　以上のことから，イタリア戦後法制史における補完性原理への対応は，他の国（特にドイツ）に比べて「遅い発見」であったが，イタリア共和国憲法典自体にその「萌芽」をもった60年近くに及ぶ苦悩に満ちた歴史であったことが確認できる。また，補完性原理の意味の「再発見」を促したものは，イタリア法制度のヨーロッパ化であり，イタリア的特徴である水平的補完性原則をも含めた憲法化は，新自由主義を基調とした中道右派ではなく，社会的ヨーロッパの構築を担うヨーロッパ左翼であることを自らのアイデンティティの礎にした中道左派政権下で行われたことも確認できる。

1) 1999年11月22日憲法的法律第1号「州知事の直接選挙および州の憲章制定権上の自治に関する規律」および2001年10月18日憲法的法律第3号「憲法第2部第5章の改正（Modifiche al titolo V della parte II della Costituzione）」を指す。憲法第2部第5章の改正の対象については，表3-1を参照。
2) Giuseppe Ugo Rescigo, Corso di diritto pubblico, Bologna, Zanichelli, 2006, pp. 570-571, Augusto Barbera e Carlo Fusaro, Corso di diritto pubblico, Bologna, Il Mulino, 2006, pp. 322-324を参照。いずれも代表的な憲法教科書である。
3) コムーネは基礎自治体で，8,101を数え（2006年現在），コムーネの平均人口は約7,000人であり，人口5,000人未満のコムーネが約72%を占め，人口10万人以上のコムーネは全体のわずか0.5%で，日本の市町村に比べてその人口規模は小さい。県は，中間的自治体で，全国に103存在する（2006年現在）。州は，5つの特別州と15の普通州がある。なお，イタリアの地方制度の概要については，(財)自治体国際化協会編『イタリアの地方自治』，2005年を参照。
4) 第117条第1項は，以下の事項を列挙していた。コムーネの区域，都市地方警察および村落地方警察，見本市および市場，公共慈善事業並びに保健および医療扶助，手工業および職業教育並びに教育扶助，地方団体の博物館および図書館，都市計画，観光およびホテル業，州の利益に関わる軌道および自動車道，州の利益に関わる道路，水道および土木，湖上の航行および港，鉱泉および温泉，鉱山および泥炭鉱，狩猟，内水での漁業，農業および林業，手工業。
5) 「州国家」については，Tania Groppi, Il federalismo, Roma, Laterza, 2004, pp. 9-12を参照。また，州国家の特徴は，表3-2参照。州国家の最初の実例は，1931年スペイン第2共和制憲法であるとされている。また，憲法の州国家構想は，様々な

理由から長らく実施されなかった。ようやく 1968 年法律第 108 号「普通州の州議会議員選挙法」，1970 年法律 281 号「普通州の実現のための財政的措置法」によって普通州は設置され，1972 年の一連の命令で州へ権限が移譲された。これを「第 1 の分権化」という。州制度の実施の遅れおよび「第 1 次分権化」については，柴田敏夫「イタリアにおける州制度の実施過程 (1)」『専修法学論集』第 92 号，2004 年 11 月，1-31 頁を参照。コムーネ・県についても憲法第 128 条の定める地方自治についての総括法が制定されず，1915 年に制定された「市町村および県に関する統一法典」とファシズム体制下の 1934 年に制定された「コムーネおよび県に関する統一法典」が現行法として機能し続けるという，奇妙な状態にあった。また，「第 1 の分権化」によって創設された州制度を憲法の規定に沿って「完成」させるために，1975 年委任立法第 382 号とそれに基づく 1977 年委任命令第 616 号が制定された。この「第 2 の分権化」により，新たに重要な権限とその執行のための資源と財源が州に移譲され，地方制度をかなり改革した。しかし，70 年代末葉には，分権化の流れが「停滞期」に陥った。

6) 法律第 142 号についての邦語の研究には，工藤裕子「イタリアにおける地方行政改革の試み―90 年 142 号法の意義―」日本行政学会編『行政と行政法学の対話』年報行政研究 29，ぎょうせい，1994 年，119-141 頁がある。

7) この条項は，通常，「補完性原理」を定めたとされるヨーロッパ地方自治憲章（ヨーロッパ評議会が 1985 年 6 月 27 日に採択し，1988 年 9 月 1 日に発効。イタリアは，1989 年 12 月 30 日法律第 439 号「1985 年 10 月 15 日ストラスブールに於いて署名されたヨーロッパ地方自治憲章に関するヨーロッパ協定の批准および施行法」で批准。）第 4 条 3 項「公的責務は，一般に，市民に最も身近な当局が優先的に遂行するものとする。他の当局への責務の配分は，その任務の範囲および性質並びに効率性および経済性の要請を考慮しなければならない」の国内法化と評価されている。Cfr., Eugenio De Marco, Sussidiarietà e autonomia nell'attuale quaderno normativo costituzionale, in *Problemi attuali della "sussidiarieà"*, Giuffrè, 2005, p. 6.

8) バッサニーニ改革に関する記述は，以下の文献を参照した。柴田敏夫「イタリアにおける州制度の実施過程 (2) ―90 年代の州改革を中心にして」『専修法学論集』第 96 号，2006 年 3 月，113-144 頁；工藤裕子「EU 諸国における地方政府システムの概要」『地域政府システムの提言』NIRA 研究報告書 502, 2005 年，69-134 頁，Francesco Pizzetti, *Nuovo ordinamento amministrativo e principio di sussidiarietà*, in *Le linee generali del nuovo ordinamento amministrativo italiano fra riforme amministrative e riforme costituzionali*, Giappichelli, 2002.

9) バッサニーニ改革のその他の重要法律には,以下の3本がある。
　①バッサニーニ法2　1997年5月15日法律第127号「行政活動ならびに決定および統制手続きの簡素化のための緊急措置」
　②バッサニーニ法3　1998年6月16日法律第191号「1997年3月15日法律第59号および1997年5月15日法律第25号の改正および補充並びに職員養成および公行政における職場以外での労働に関する規程。学校建築に関する規程」
　③バッサニーニ法4　1999年3月8日法律第50号「脱法律化および行政手続に関する統一法典―簡素化法」
10) 「立法権の行使は,原則および指針が定められていなければ,しかも期間が限定され,対象が特定されなければ,政府に委任することはできない」
11) 「政府は,両議院の委任がなければ,通常の法律の効力を有する命令を制定することができない」
12) 第1条第3項で移譲の対象から排除され,国の権限に留保された事項は以下の通り。
　①外交,海外通商,国際協力および海外における国益のイメージの外における増進。②国防,軍隊,武器,弾薬および爆薬,国家戦略事項。③国家と宗教団体との関係。④文化財および芸術的価値のある歴史的遺産の保護。⑤個人の身分および住民登録に関する監視。⑥国籍,移民,難民,政治的保護,および逃亡犯の引渡し。⑦選挙,選挙権および被選挙権,選挙運動,地方の住民投票を除く国民投票。⑧通貨,財政制度,財源の調整。⑨税関,国境の警備および国際的予防措置。⑩公安および保安。⑪司法行政。⑫郵便および通信。⑬社会保障。⑭学術研究。⑮大学教育,学校制度,学校のカリキュラム,学校教育の全般的な組織,教職員の法的地位。⑯労働および協同組合事項の監視。
13) この補完性原則に関する規定は,EU法史上初めて補完性原則を明文化したマーストリヒト条約3b条第2項(「共同体は,その専属的管轄に属さない分野については,検討されている行動の目的が構成国によっては十分に達成され得ず,かつその行動の規模または効果からして共同体によるほうがより良く達成できる場合には,補完の原則に従って行動する」)に大きな影響を受けている。
14) 憲法的法律第3号に関する研究は膨大な数にのぼる。ここでは,代表的なものを挙げるに止める。Beniamino Caravita, *La costituzione dopo la riforma del titolo V. Stato, Regioni e autonomie fra Repubblica e Unione europea*, Torino, Giappichelli, 2002; Tania Groppi e Mario Olivetti, *La Repubblica delle autonomie. Regioni ed enti locali nel nuovo titolo V*. Torino, Giappichelli, 2002 ; Carlo Bottari, *La riforma del titolo V, parte II della costituzione*. Santarcangelo di Romagna, Maggiori, 2003 ; Silvio Gambino (a cura

di), *Il nuovo ordinamento regionale*. Milano, Giuffrè, 2003; Franco Pizzetti, *L'ordinamento costituzionale italiano fra riforma da attuare e riforma da completare*. Torino, Giappichelli, 2003 ; Adele Anzon, *I poteri delle regioni nella transizione dal modello originario al nuovo asetto costituzionale*. Torino, Giappichelli, 2003 ; Oberdan Forlenza e Gennaro Terracciano, *Regioni ed enti locali dopo la riforma costituzionale. Un federalismo imperfetto*. Milano, Il Sole 24 Ore, 2002; Achille Chiappetti, *Il rebus del federalismo all'Italiana*. Torino, Giappichelli, 2004.

15) Beniamino Caravita, *op. cit.*, pp. 70-71.
16) *Relazione semestrale*, Doc. XIV-bisn., 4, p. 8.
17) F. Pizetti, *op. cit.*, p. 42.
18) この経過およびベルルスコーニ内閣の憲法改正案の内容については，高橋利安「最近のイタリア共和国憲法改正の動向」，全国憲法研究会編『法律時報増刊　憲法改正問題』日本評論社，2005年を参照。
19) Cfr. Tania Groppi and Nicoletta Scattone, Italy: The Subsidiarity Principle, in *Public Law* vol. 4, n. 1, 2006, p. 131 を参照。
20) G. Zagrebelsky, La giustizia costituzionale nel 2003, in http://www.cortecostituzionale.it
21) 判決文は，http://www.giurcost.org/decision/2003/0303s-03.html に拠った。
22) Andrea Morrone, La Corte costituzionale riscrive il Titolo V? in http://www.forumcostituzionale.it
23) T. Groppi e N. Scattone, *op. cit.*, p. 137.
24) Antonio D'Atena, Costituzione e principio di sussidiarietà, in *Quaderni costituzionali*, n. 1, 2001, pp. 13-31.

第4章 ベルギー連邦制の展開と課題
——補完性原理(サブシディアリティ)と社会統合(ソリダリティ)

津 田 由美子

はじめに

　本稿は，ベルギー連邦制の展開について，その特徴とそれを生み出した政治的要因を分析することを目的としている。

　連邦制国家としてのベルギーは，1993年の憲法改正により正式にスタートすることになった。ナポレオン型中央集権を模範として19世紀に整備された中央-地方関係は，1960年代後半以降，度重なる制度改革論議を繰り返した。1970年の憲法改正をはじめとして，1980年，1989年，そして1993年に憲法が改正され，それ以降も特別法の制定による制度改革が進められている。20世紀末を迎えて単一国家は連邦制国家へと大きく変化したわけだが，この変化を促した最大の要因は，1960年代に強まった言語・地域別利益対立の政治化であった。ベルギーの人口は約59％のオランダ語系と約39％のフランス語系，1％に満たないドイツ語系から構成されている。国土をほぼ二分して，北部にオランダ語系，南部にフランス語系，ドイツ国境に少数のドイツ語系が，中央からやや北よりに位置するブリュッセルには多数派フランス語系と少数派のオランダ語系が居住するという言語分布は，建国以来ほぼ変わっていない。変化したのは，両言語住民の意識であり，それに伴

う言語問題の政治化である[1]。

　言語問題が分権化，さらには連邦化の要求と結合するのは，少数の民族主義者の主張を除いては第二次世界大戦後のことである。人口構成上はオランダ語系を下回るものの，フランス語系は建国以来，政治行政，経済活動，文化・教育の諸領域で中心的な役割を果たしてきた。政治・行政・司法の分野でオランダ語使用が認められたのは第一次世界大戦後である。オランダ語系の要求は，両言語の法的平等化であり地域意識と結びついたものではなかった。しかし，オランダ語系住民が多いフランデレン地域においてさえ，現実には公共の場でのフランス語の優位を変えるに至らなかったため，フランデレンでの地域言語としてのオランダ語一元化と地域の自治が主張されるようになる。第二次世界大戦後，国王の戦争責任問題に端を発してオランダ語系とフランス語系の政治的傾向の相違が明らかになったこと，フランデレン地域が急速に経済発展を進め石炭業が不振となったワロニー地域をついには逆転するに至ったことは，かつてみられなかったフランデレン地域の自信とワロニー地域の危機感を呼び起こした。オランダ語系住民の間には，オランダ語系のフランデレンという地域意識が強まり，オランダ語をフランス語に並ぶ地位に高めること，とりわけブリュッセルでのオランダ語の劣勢を克服しようという文化政策が優先課題になった。他方で，フランス語系はブリュッセルとワロニー地域に居住し，フランス語の国際的通用力に裏打ちされて言語を基盤とした結束は弱く，むしろ経済的な観点から地域主体の政策をという主張がなされるようになった。経済的な停滞が著しいワロニー地域では，オランダ語系が多数を占めるベルギー政府には，ワロニー経済の再建はのぞめないとする意見が強まった。以上の地域意識を背景に，1960年代には地域主義および言語主義政党が台頭し，言語・地域利益の主張が政治問題化したのである。

　言語・地域問題による制度改革が民主主義の正統性を拡大するという観点

から議論されることは少なかった。それは，各種の政治・社会組織を統合するサブカルチュアの政治エリートが主導して，サブカルチュアにそれぞれの取り分を保証する妥協に基づく調停システムを構築したこと，そのシステムに則って言語・地域利益が調整されてきたことと関係があろう。国家統合と多様性の尊重を両立させる民主主義思想としての連邦主義に基づいてではなく，言語・地域間の政治的対立に直面してその緊張を緩和すべく，関係諸勢力が短期的な妥協を繰り返した。合意可能な部分について段階的に調整し，有効期限を区切って合意を結び更新する，先延ばしできるものには手をつけないという調停方式で，最初の制度改革から20年以上かけて，結果として連邦制に移行したに過ぎない。他方でこの政治的対立はいまだ沈静化していない。したがって，始まったばかりの連邦制国家における制度設計は，未完成かつ不安定であるともいえるのである。

　以下では，まずベルギー連邦制の特徴とそれを生み出す歴史的要因を，歴史的経緯を簡単にたどることで整理する。次に1999年以降の中道左派政権下での制度改革の争点と調整の政治過程を分析する。オランダ語・フランデレンとフランス語・ワロニーの対立により二極化に働く言語・地域紛争と，それを緩和するブリュッセルとドイツ語地域の存在ゆえの多極的な構造，多面的で非対称的な構造による複雑な政治過程とそれが機能するよう整備された調整システムを通して，ベルギー連邦制の現状を指摘する。最後に，以上を踏まえてベルギーにおける連邦制と民主主義の問題について検討を行う。

第1節　連邦制国家への歴史的経緯

　憲法改正が議論された1960年代末は，ベルギーの政治社会が大きく変化を始めた時期でもあった。それまで言語や地域の違いを超えてまとまり宗教

問題や社会経済問題に対応してきた政治諸勢力が，地域・言語利益に沿って分裂を始めたのである。各政党エリート間の交渉を中心とした「合意の政治」の主体であった全国政党は1978年までに消滅し，全てが地域政党として交渉に参加することになった。キリスト教民主主義政党は，1968年にカトリック大学の言語問題をめぐって，フランデレンで優越的な地位にあるオランダ語系政党と，少数派のフランス語系政党へと分裂した。フランデレンの自治を目指す人民同盟（VU）とワロニー地域の自立性を主張するワロン連合（RW），ブリュッセルでのフランス語系市民の権利擁護を主張するフランス語系民主連盟（FDF）の台頭をうけて，1970年代には自由主義政党と社会主義政党が正式に分裂し，ブリュッセルで強い自由主義政党は他の地域ではキリスト教民主主義政党・社会主義政党に及ばず少数派政党となり，社会主義政党はワロニーで支配的なフランス語系政党とフランデレンの少数派オランダ語系政党に分裂した。各地域で主導権を握る政治勢力の傾向は異なり，エリート間交渉はフランデレンのキリスト教民主主義党とワロニーの社会主義政党が中心となり，それぞれの姉妹政党との連携のもとで進められることになった。

　地域問題で最初の大幅制度改正となった1970年改正の特徴は，共同体（Gemeenschap / Comunauté〜以下並列して表記する場合はオランダ語，フランス語の順とする）と地域圏（Gewest / Région）の概念が正式に認められたことである。文化的単位として3つの公用語に対応した3つの共同体（オランダ語共同体，フランス語共同体，ドイツ語共同体）と，地理的区分による単位としての3つの地域圏（フランデレン，ブリュッセル，ワロニー）の存在が明記された。2種類の単位が設定されたのは，オランダ語文化を政治的に保護すべきだとするオランダ語系フランデレンの政治勢力と，言語よりもワロニー地域経済の活性化が重要だとするフランス語系ワロニーの政治勢力が，ともにその主張を譲らず両論併記の形をとったからであった。制度の詳

細については定められなかったが，中央政府における政策決定過程においては，言語上の平等を確保しかつ主要2言語の一方が数を頼みとして他方の利益を損なわないように，内閣における閣僚の言語別同数規定が作られ，決定に際しては全体の3分の2の多数と各言語別議員の過半数の賛成を含む特別多数方式，さらに言語が関わる重要課題については少数派の拒否権が定められた。この方式は，ベルギーに伝統的な主要政治勢力のコンセンサス重視の考えを踏襲したものである。しかし，この方式のゆえに議会における多数派の形成が困難になり，新しい法律が制定できず政局の停滞を招くことにもなるのである。

　1970年代には，共同体と地域圏の役割を具体的に規定すると同時に，ブリュッセル地域圏をどう位置づけるかが議論された。共同体を中心として分権化すると，オランダ語とフランス語の勢力はそれぞれ一単位となる。地域圏を中心にすると，フランデレンとブリュッセル，ワロニーの3つとなるので，オランダ語とフランス語の勢力は，ブリュッセルがフランス語多数派地域だと考えて1対2になる。フランデレンは前者を望み，言語的一体感が薄いワロニーとブリュッセルのフランス語系は後者の区分を主張した。意見を統一することができないままに，1980年憲法では，個人に属する事項（言語，教育，公衆衛生など）を扱う共同体と，一定領域に付属する事項（地域経済，住宅，環境，雇用など）を扱う地域圏という区分けが設定された。さらに共同体と地域圏はそれぞれの議会と政府をもつことになり，文化的影響力を重視するオランダ語系は自らの希望により，オランダ語共同体とフランデレン地域圏の議会と政府を統合することを認められた。

　1970年代に調整ができず問題の「凍結（フリージング）」がされたのが，ブリュッセル地域圏の問題であった。19の地区（Gemeente / Commune）から成りフランス語系が人口中8割を超えると推定される都市には，都市機能の拡大とともにワロニー地域からの移住者と外国人が流入し，フランス語系人口の占める

割合は増加を続けた[2]。オランダ語系はブリュッセルがさらにフランス語化されてオランダ語が地方の言語の地位に甘んじることのないように，ブリュッセルの少数派オランダ語系との関係を密にしながら，首都におけるオランダ語の存在を死守しようとした。またブリュッセルで働くフランス語系がオランダ語圏であるブリュッセル郊外の市町村で増加するにの対しては，オランダ語地域がフランス語に侵食されるとの警戒感から，言語境界線の厳格化と郊外のフランス語系に例外的に認めていたフランス語使用の便宜的優遇措置（faciliteit / facilité）の制限を主張した。他方のフランス語系は，フランス語系が居住する自治体においてフランス語使用の権利が保障されることを強く要求し，ブリュッセル首都圏の境界を広く周辺部に拡大して解釈しようとした。

1980年憲法は，分権化の方向に向かいつつ具体的にはまだ単一国家の枠組みを変えようとする提案ではなかったが，1989年の憲法改正は，実質的に連邦化に踏み出した内容だと評価されている。この改正では共同体と地域圏への中央からの権限の移譲が実質的に実現し，中央政府から交付される予算額も大幅に増加した[3]。ブリュッセルについては，地域圏として独自の議会と政府が設置されることとなった。ブリュッセルにはオランダ語共同体とフランス語共同体がそれぞれの委員会を設け，調整のための合同委員会の設置も決められた。さらに制度が複雑化するにつれて，共同体と地域圏との間，共同体間または地域圏間，中央と地域圏・共同体の間で起こりうる，権限の調整や紛争の調停のために，仲裁裁判所を整備してその権限を強化することが合意され，司法の調整能力が期待されることになった。1970年代はエリート間では連邦派と集権派が拮抗し，各党内でも意見が割れていた。1980年代末に連邦化の方向に急速に進展したのは，社会主義政党の分裂を経て政党が全て地域政党となり地域利益を強調する戦略を選択したこと，文化領域における自律性を重視するフランデレンに対して，80年代前半に深

刻な経済不況を迎えたワロニー地域が経済再建のために地域圏への権限移譲を強く望んだことが背景にある。

第2節　1993年改正憲法による連邦制の特徴

1989年改正から間を置かずに，1993年に再度の憲法改正が行われた。1991年選挙で分離主義を掲げるフラームス・ブロック（Vlaams Block）が躍進した影響を受け，政権与党を中心に制度改革の調整が急がれたためであった。

1993年憲法改正により誕生した連邦制国家は，前節で述べたように，中央集権・単一国家を保持しようとする勢力と分離主義勢力との妥協の結果であり，連邦主義なき連邦化といわれる。本節では1993年憲法体制下の連邦制を概観し，他の連邦諸国と比較してどのような特徴があるのかを指摘したい。

憲法第1篇第1条ではベルギーが連邦制国家であることが明文化され，続く条文でベルギー連邦は，3つの共同体（フランデレン共同体，フランス語共同体，ドイツ語共同体），3つの地域圏（フランデレン地域圏，ワロニー地域圏，ブリュッセル地域圏），4つの言語地域（オランダ語地域，フランス語地域，ドイツ語地域，ブリュッセル首都2言語地域），10の州（フランデレン地域圏5州，フランス語地域圏5州）と市町村で構成されることが規定された[4]。第3篇第4章では，共同体と地域圏に設置される機関が定められ，それぞれが議会と政府を備えることとされた。ただし前述のようにフランデレンでの地域圏と共同体の統合により，フランデレン，ワロニー地域圏，ブリュッセル地域圏，フランス語共同体，ドイツ語共同体の合計5つの議会と政府が設けられた。また各議会は，かつての国会議員の兼職から住民の直接選挙で選ばれた議員で構成される機関へと変化し，政府の構成員は議

員から選出されることになった。権限については,共同体は個人に関する事項,主に文化や教育,医療保険,社会政策を担当し,地域圏は空間制約的な事項,即ち地域経済や都市計画,農業,環境関連を担当する[5]。このほか,連邦構成体の利益代表機関として上院を位置づけ,それに対応した議員編成に変更すること[6],ブリュッセルを含むブラバント(ブラバン)州をフランデレン・ブラバント州とワロニー・ブラバン州に分割すること[7],共同体・地域圏の財政制度は法律で定めるとする条文が加わった[8]。

　他国の連邦制と比較して,ベルギーの連邦制は以下の点で固有の性質を備えている。

　第1に,連邦を構成する単位として,共同体と地域圏の2つの種類が併存している。両者は異なる基準で形成されており,上下関係にはない。共同体は同じ言語を使用する人々の集まりとして組織されており,地域圏は地理的に区分されたものである。同一の言語を使用する住民が地理的に散らばり居住している場合,定義上では共同体は特定の領域と対応するわけではない。しかし,ベルギーでは長年にわたる言語対立の過程で,言語の流動性を制約する目的で言語境界線が定められており,フランデレン・ワロニーの地域境界線とオランダ語・フランス語の言語境界線はほぼ一致している[9]。最大の例外はブリュッセルであり,都市のもつ歴史性と首都という事情から2言語併用地域として位置づけられている。共同体か地域圏かに統一できなかった理由は,まさにこのブリュッセルのもつ性質ゆえである。ブリュッセルは地域圏としては1つの行政単位をなしているが,共同体としてはフランデレン共同体とフランス語共同体の管轄が交錯しており,領域ではなく個人を単位として,住民の使用言語によってフランデレン共同体の管轄になるかフランス語共同体の管轄になるかが決まることになる。前述のように,ブリュッセルが地理的にはオランダ語地域に位置する「孤島」であるために,ブリュッセル首都圏の範囲設定と周辺地区のフランス語系住民への保護措置について

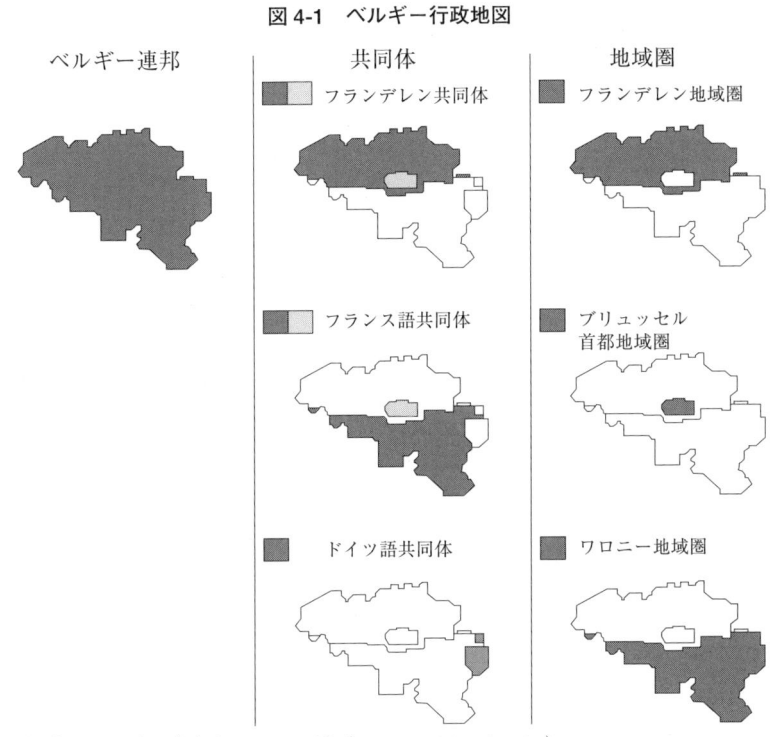

第 4 章　ベルギー連邦制の展開と課題　101

図 4-1　ベルギー行政地図

ベルギー連邦　　　　　共同体　　　　　　　地域圏

　　　　　　　　　■□ フランデレン共同体　　■ フランデレン地域圏

　　　　　　　　　■□ フランス語共同体　　　■ ブリュッセル
　　　　　　　　　　　　　　　　　　　　　　　首都地域圏

　　　　　　　　　■ ドイツ語共同体　　　　　■ ワロニー地域圏

出所：ベルギー政府ホームページ（http://www.belgium.be）。

は，連邦化に際して妥協が困難であり先送りされて，オランダ語系とフランス語系の政治的対立の焦点であり続けている。

　第2に，二極化の傾向が強く遠心力が働きやすい。前節で述べたように，分権化を推進する要因となったのはオランダ語系とフランス語系の対立である。ほぼ国土を二分して，北部でのオランダ語系と南部でのフランス語系という住み分けがなされている。3つ以上の州のなかでの一部が分離主義的傾向を強める，カナダとケベック州の関係や，スペインにおけるカタルーニャ州やバスク州の存在とは異なって，ブリュッセル地域を除き国土の大半を占

図 4-2　ベルギー連邦制の統治機構

国家	連邦国家（国王・上院・下院）				
共同体	ドイツ語共同体	フランス語共同体	合同共同委員会		フランデレン共同体
^	^	^	フランス語共同体委員会	フランデレン共同体委員会	^
地域圏	ワロニー地域圏		ブリュッセル首都地域圏		フランデレン地域圏
言語圏	ドイツ語	フランス語	2 言語（フランス語・オランダ語）		オランダ語
州	ワロニー 5 州		ブリュッセル首都圏		フランデレン 5 州
コミューン	ワロニー内コミューン		ブリュッセル 19 地区		フランデレン内コミューン

　める 2 地域が対抗する構図をとるのである[10]。かつて主要な政党や社会組織は全国規模で発達していたが，1960 年代末からこれらの組織は言語・地域別に分裂し，各言語・地域の住民の支持を獲得すべく全国的な利益よりも言語・地域の利益が強調される傾向が強まった。全ての問題が地域・言語問題として扱われ政治化する。特に地域により政治勢力の形勢が異なるという事実は，地域を越えた姉妹政党の関係が弱まるとともに，各地域が独自の政策を展開するための自律性拡大へと政党の政策が向かいやすくなる。中央政府においては，両言語集団間の調整をはかりつつ集権制を維持するために，主要な機関における言語集団間の同数規定，政策決定過程における特別多数決や拒否権が認められていた。しかし，連邦化により中央政府での調整システムが機能する領域は縮小されていくことになる。

　第 3 に，連邦構造上の非対称性である。複数の連邦構成体間で，その法的地位と権限は同一ではない。共同体と地域圏の関係は多様であり，さらに同

じ種類の構成体間でも法的地位と権限が異なっている。共同体と地域圏はそれぞれ議会と政府をもつが，既に述べたように，フランデレン共同体とフランデレン地域圏は言語と地域が重なる形で事実上「合併」して，ひとつの議会と政府を設けている。他方でフランス語共同体とワロニー地域圏では言語と地域の一致は起こらず，それぞれが個別の議会と政府をもつ。ワロニー地域圏にはドイツ語系住民とフランス語系住民が住んでおり，それぞれの住民はドイツ語共同体とフランス語共同体が管轄する。フランス語共同体には，ワロニー地域圏の住民に加えてブリュッセル首都圏住民の多くも属している。ブリュッセル住民は言語によって属する構成体が異なる。オランダ語系住民は地域圏ではブリュッセルに属しながら，共同体レベルではフランデレン地域圏と合併したフランデレン共同体の議会と政府の管轄下に入る。他方でフランス語系における言語・文化的な一体感は弱く，ワロニーの社会主義政党（PS）は自由主義政党の強いブリュッセルとの政治的統合を望まず，言語と地域は独立している。ブリュッセル首都圏では，共同体事項について，フランデレン共同体委員会（Vlaamse Gemeenschapscommissie = VGC）とフランス語共同体委員会（Commission communautaire française = COCOF）が設置されている。住民は各種サービスにおいて使用する言語に伴って，このどちらかの管轄に属する。さらに両者の調整機構として合同委員会（Gemeenschappelijke Gemeenschapscommissie = GGC / Commission communautaire commune = COCOM）が設けられている。フランデレンはオランダ語系住民と統一を図りつつ共同体の影響力を拡大しようとするのに対し，フランス語共同体は地域圏に権限を移管する傾向にある。共同体の権限の移管は，当該共同体政府の3分の2の賛成と移管先の過半数の支持があれば可能である。フランス語共同体の権限と予算は，ワロニー地域圏とブリュッセルのフランス語共同体委員会に移された。このフランス語共同体の「解体」は，ブリュッセルについて合意が成立しないために共同体が徴税権を行使できず共同体の

財政が困窮しているという事情から，地域圏に多くの業務を委ねるべきだとされたためである。

憲法上の3つの地域圏のうち，ブリュッセル地域圏の法的地位は，他の2つの地域圏に比べて低く規定されている。ブリュッセル地域圏議会はオルドナンス（ordonnance）を発することができるが，他の地域圏議会が出すデクレ（décret）が原則的には中央政府の行政・司法により覆されることがないのに対して，オルドナンスは無効にされうる。またブリュッセル地域圏の自律性は制約されており，議員定数や大臣数，選挙制度など制度設計についての自己決定権は限られている。共同体については，ドイツ語共同体と他の2つの地位は異なっている。ドイツ語共同体の権限や財政を規制する法令は過半数の支持があれば足り，連邦レベルにおいて言語集団としての代表枠を保証されていない。

最後に，複雑で非対称的な構造を維持するために必要となる緻密な調整システムの構築が進められている。遠心力を緩和し多種多様な連邦構成体と権限の錯綜に対応しつつ連邦としてのまとまりを維持するために，司法的および政治的調整能力の向上が求められる。司法的調整手続きとしては，国務院（Raad van staat / Conseil d'Etat）による立法過程での事前審査と，仲裁院による法令施行後の事後介入が中心である。国務院は，連邦と各連邦構成体が作成する法令について立法過程で審査をし，その意見は強制力をもたないものの政治的なインパクトをもつ。ただし，国務院は連邦の機関であるのでオランダ語とフランス語の2つの部門からなり案件の扱いについて必ずしも統一が取れておらず，2言語の連邦とブリュッセルの事案については，問題によってオランダ語部かフランス語部に任意に割り振られる傾向にある。仲裁院は，複数の連邦構成体間の権限の重複に際して，権限の配分に反する法律を無効にできる。またすべての裁判所は，権限の配分に疑問がある事例につき強制力をもつ最終的な仲裁院の判断を求めることができる。仲裁院も連邦

の機関であり,オランダ語とフランス語の裁判官から構成されるが,ひとつの法廷で両言語同数の裁判官による審理がなされる[11]。

政治的調整方法としては,首相と5人の国務大臣,6人の連邦構成体政府の構成員からなる協議委員会が設けられ,連邦と連邦構成体間での諸利益をめぐる紛争に介入することができる[12]。実際には,委員会が関与することは稀であり,首相と主要政党の党首間で調整がなされている。さらに連邦と各連邦構成体間,または連邦構成体相互で権限の調整を図り,共通のサービスや制度を運営するための協力協定が結ばれる。EUの政策にベルギーとして対応せざるを得ない場合には,特に協定の形で国内での意思の統一を図ろうとする[13]。しかし全国政党が不在の状況で,地域政党の政治エリートが連邦制の進展にあわせて複雑化する利害の対立にどのように対応するのか,そのシステムの構築と正統性の確保は重要な課題である[14]。

第3節　ブリュッセル問題と2000〜2001年の制度改革

連邦制国家移行後に残された主要な課題は,ブリュッセルをめぐる問題と,中央に集中していた財政と権限を連邦レベルと連邦構成体レベルでどのように分担するかであった。

ここでは,1993年憲法改正後に実施された制度改革のなかで,1999年から2001年の政治過程をとりあげて,その調整がベルギー政治にとってどのような意味をもつのかを考察する。さらに財政の連邦化について,制度改革の過程でどのように進められているのかを考察する。

1999年6月13日の連邦議会選挙後,自由主義政党の主導で制度改革の議論が新たに始まった[15]。オランダ語系自由主義政党(VLD)・フランス語系自由主義政党(PRL-FDF),オランダ語系社会主義政党(SP)・フランス語

系社会主義政党（PS），オランダ語系エコロジー政党（Agalev）・フランス語系エコロジー政党（Ecolo）が連立する政府は，従来のように両言語集団の姉妹政党が協力する対称的な構成であった。しかし連邦制の将来像については，オランダ語系政党とフランス語系政党では意見が異なっていた。オランダ語系政党は，権限の移譲を進め広範な分野での独自の政策決定権を確保するとともに，財政自主権（Fiscal autonomy）を実現するよう主張した。しかしフランス語系政党は，各地域圏における政治制度の決定権や社会保障分野の権限分割はベルギーの社会統合を損なうと強硬に反対した。特に豊かなフランデレンの税収を当てにするワロニー地域圏やフランス語共同体にとって，財政的自主権は承認できないものであった。むしろ連邦政府やフランデレン政府との関係を維持して，全国的に同一水準の行政サービスを実施できる財政的裏づけを保証することこそが，ベルギー連邦制に求める最優先事項であった[16]。

　政府は主要政党間での度重なる交渉の成果としての協定（akkoord / accord）を結び，その合意に基づき法制化を進めるという手順を採った。協定による合意事項の確認は，法律制定における各言語集団の過半数と全体の3分の2の賛成を確保し，言語集団に与えられている拒否権の行使を防ぐためにも必要な方法だと考えられた。1999年10月には中央政府，地域圏さらに共同体の政府および議会間で意見を調整する，「制度改革のための政府間および議会間会議（Costa / Corée）」が設立された[17]。この会議では，連邦と連邦構成体間の権限配分の問題と共同体と地域圏の財政問題を話し合う，2つの作業部会が結成された。2000年4月に結ばれたエルメス協定（協定名は以下フランス語読みで表記する）は，権限配分に関する作業部会での議論の産物であった。連邦政府がもつ農水産業と通商分野の権限を地域圏政府に移すべきかが話し合われ，農水産業についてはEUの管轄や中央政府に残される価格決定や品質管理などの項目除いて，多くが地域圏レベルにゆだねられること

になった。通商分野については，連邦の貿易局を地域圏政府や私企業の代表者が官僚とともに運営する機関として位置づけるなど，地域圏政府の関与を拡大した。

　一方でこの協定では，財政に関する合意を含むことができなかった。2000年前半にはフランス語共同体は深刻な財政危機に陥っていた。特に共同体予算の主要な部分を占める学校教育関連予算の赤字が膨らみ，人件費不足に直面した教職員組合はフランス語圏各地で抗議行動を起こした。フランス語共同体の赤字は，1989年財政法が定める物価上昇率に比例して決まる連邦から共同体への予算配分額が人件費の上昇分を下回ったために蓄積し，地域圏からの予算の組み替えによる補填ができないために，フランデレン共同体との差が拡大することとなった[18]。しかし，財政援助を求めるフランス語系はオランダ語系が主張する財政自主権との引き換えを危惧し，両者の調整は進まなかった。全国的な教育水準の維持のための教育費の確保が主張されるなかで，ホーフスタット首相が財政法の改正に着手することを発表した。オランダ語系とフランス語系の議論は，財政自主権が共同体・地域圏の自治にとって必要だとする立場と，全国一律の行政サービスの実現が社会統合，国民の団結の前提であるという立場とで対立した。オランダ語系は独自の課税権と独自の予算編成権により，これまで他の共同体・地域圏に流出していた予算分を確保できるため，所得税率や法人税率の引き下げが可能であるとして住民の利益を主張した。他方のフランス語系は，国内の生徒1人当たりに支出される教育費を同額にすることは国民の平等を維持するために必要であるとして，そのための予算援助を主張したのである[19]。

　連邦制国家において，連邦構成体政府に独自の課税権をどの範囲で認めるのか，連邦内の地域間格差を是正するための財政的措置をどの程度実施するのかは，連邦制国家の性質を決定づける重要な要素である。中央集権国家では中央政府が大幅な課税権をもち，地方政府が徴収する税金についてもその

税率や免除条件を中央が一律に決定できる権限を独占していた。地域間格差が大きい場合には中央政府が財政融資をすることによって，行政サービスの全国的同質性を確保することができた。しかし課税権を構成体に与え税率などを各構成体が自由に設定することになると，豊かな自治体と財政的に苦しい自治体との間で行政サービスに違いが生まれる。オランダ語系が財政自主権を要求するのはフランデレンが豊かな地域であり，そこからの税収が連邦政府を経由してフランス語共同体とワロニー地域圏に流出することに歯止めをかけたいからであり，他方で財源に乏しいフランス語系・ワロニー地域圏には，財政調整システムの存続が"自治"のために必要であった。

　各レベルの政府での協議を経て，10月に結ばれたランベルモン協定で，地域圏における財政自主権の拡大と，共同体への連邦交付金の見直しを含む財政法改正が決定された。これにより共同体はそれまで徴収していたテレビ・ラジオ税の課税権を失ったが，連邦交付金は大幅に増額され，フランス語系に有利となる生徒数比例とオランダ語系に有利となる課税所得額比例の要素を組み合わせて，今後10年にわたる交付額が算定された[20]。他方で連邦からの権限移譲についても重要な合意がなされ，地域圏に域内の州や市町村に関わる法律を独自に制定できる権限が認められた。

　2001年1月に，政府は法律制定の時期が熟したと判断し，エルメス協定とランベルモン協定を併せたランベルモン再協定を結び，権限と予算に関する2つの特別法の制定を目的として新たな調整を開始した。この過程において，鍵を握ったのはVUであった。言語利益に関する法律制定においては特別多数の支持が必要であるため連邦政府与党では規定数に不足し，フランデレン政府レベルで与党の一翼を担うVUの支持が期待されたのである[21]。しかし，この議論の過程で調停を支持する党内左派と反対の党内右派の対立が表面化した。右派は道徳的に保守的で伝統的なフランデレン民族主義を堅持し，左派はより自由主義的で新しいフランデレンの政治文化に対応すべきだ

と考えていた。VU 指導者も二分されており，2000 年に党選挙で選出された党首ブルジョワは右派の有力者であり，フランデレン政府閣僚であり前党首のアンシオと若手集団を率いるファンクルンケルスヴェンは左派に属していた。VU 執行部の多数派は協定賛成派であった。しかしブルジョワは，財政上の独立性が不十分であること，ブリュッセルでのオランダ語系の政治代表について十分な保証がないことを不満として，協定の受け入れを拒否し，1月26日，党委員会に抗議して党首を辞任した。党執行部が開催した30日の党集会では，反対69，賛成61，棄権1の僅差で新たな協定を支持することが決定したが，党執行部に反対するブルジョワ派は，妥協的な執行部エリートと地域問題に急進的な一般党員との間で意識のズレが拡大しているとの批判を繰り返した。既成の政治体制に抗議して結成された政治組織が，政府の調停にどこまで関与するかをめぐってジレンマを抱えることが多い。とりわけ与党もしくは閣外協力の形で交渉過程に加わる場合，政府との妥協がその政党の存在意義を弱める傾向は否定できない。VU はかつて 1977 年に行われたエグモン協定で与党としてブリュッセル問題の調整に参加し，地域主義政党としての意味を失なったとして翌年の選挙で敗北・分裂した経験があった[22]。協定をめぐり党内では調整が繰り返されたが合意に至らず，2月19日には，「党として何も決定していないことを確認した」と発表された。

　ブリュッセルの言語政党である FDF は，協定に強い反対を表明していた。地域圏がその下位レベルの州や市町村の法律を独自に制定できるとする協定は，19区以外のブリュッセル郊外に居住するフランス語系少数派が享受する便宜的措置の廃止をもたらすというのがその理由であった。FDF の批判をうけた政府は，採決での特別多数の形成にあたってブルジョワ派に照準を定めた。VU が強く主張するブリュッセルにおけるオランダ語系住民の保護について議論すべく，ブリュッセル内諸政府・議会間会議（mini-Costa）が組織された。連邦政府からの強い要請を受けてブリュッセル地域内での交

渉が繰り返され，2001年4月にはロンバール協定がまとめられた。この協定おけるオランダ語系側のポイントは，次の2点であった。

第1に，ブリュッセルにおいてオランダ語系の政治代表をできるだけ確保することである。フランス語系の有権者が増加してオランダ語系の候補者への投票が減少すれば，オランダ語系の議員が少なくなる。この事態を回避するためブリュッセル地域圏議会の議席枠を言語別に設定し，議席総数89議席のうち72議席はフランス語系，12議席がオランダ語系へ割り当てられた。移民流入により将来フランス語系の人口が増加すると予想される状況で，議員数の固定化は実質的にオランダ語系の過大代表をフランス語系が認めることでもあった。ブリュッセルからフランデレン議会に参加する6名の議員は，これまでのようにブリュッセル議会議員との兼任ではなくフランデレン議会議員として直接選挙で選ばれ，共同体事項については投票権を行使できるようになった。さらに19地区レベルでもオランダ語系政治家の参加を促進する制度が導入された。地区レベルで少数派となるオランダ語系が助役または社会扶助センターの議長に選出された場合には，その地区に対する補助金の支給が認められたのである。

第2は，2言語集団の共存状況を維持するため，分離主義を主張するフラームス・ブロックの拡大に歯止めをかけることであった。フラームス・ブロックはオランダ語系のベルギーからの独立を究極の目標にしており，「フランデレン人のフランデレン」実現のためにフランス語系との分離，移民の排除を党綱領に掲げていた。しかし，これまでのブリュッセルをめぐる調整は2言語地域として両言語集団が共同で統治する枠組みの中で積み重ねられており，フラームス・ブロックの勢力拡大はその成果を否定する危険性があった。そのためにオランダ語系の政党が結束して，フラームス・ブロックの議席数を抑制する制度を導入しようとした。比例代表制において政策的立場が近い政党が連合し，ひとつの政党として議席の配分をうける名簿連合

(apparentement）という方法を導入することにしたのである。これは，多数派に有利になる議席配分を利用することで，孤立するフラームス・ブロックの配分議席数を極小化する効果を狙ったものであった[23]。さらに，議会においてフラームス・ブロックの反対により議事進行が停滞する危険性を避けるべく，特別多数や言語別過半数の要件を緩和する方向で調整がなされた[24]。

一方，これらのオランダ語系の要求にこたえるフランス語系への「見返り」は，ブリュッセルのフランス語共同体の予算拡大であった。2002年からは2,500万ユーロが連邦からブリュッセルに交付され，ブリュッセルにおけるフランス語共同体に80％，オランダ語共同体に20％の割合で分配されることになった。ブルジョワがオランダ語系新聞 De Standaard のインタビューでコメントしたように，オランダ語系は権限を，フランス語系は予算金額を優先した政治的取引きであった[25]。

VU党執行部の賛成表明にもかかわらず，VU内ブルジョワ派は政府案への支持を保留し続け，特別多数の確保が必要な政府は，フランス語系野党であるキリスト教民主主義政党（PSC）への接近を始める。政府はランベルモン再協定にロンバード協定の内容を加えて，権限分配と財政に関する2つの特別法の制定作業に着手した。それまで政府が進める調整に加わらなかった野党PSCは，5月に開かれたフランス語共同体の予算をめぐる話し合いに参加した。キリスト教民主主義系労働組合が，財政赤字による教員の給与未払いの解消を求めて，PSCに圧力をかけたことが，党を調整に向かわせた要因のひとつであった。政府は学校施設の建設費への援助とその債務の返済の支援を約束し，PSCは私立カトリック教育の充実を理由に財政関係の合意を受け入れる態度を示した。政府はさらに権限の分配規定について反対するPSCの下院議員団長ポンセレにヨーロッパ宇宙局の役職を提示し，EUの少数派権利保護条項を批准することを表明した。PSCは姉妹政党であるオランダ語系キリスト教民主党（CVP）と立場を違えて政府案を事実上承認

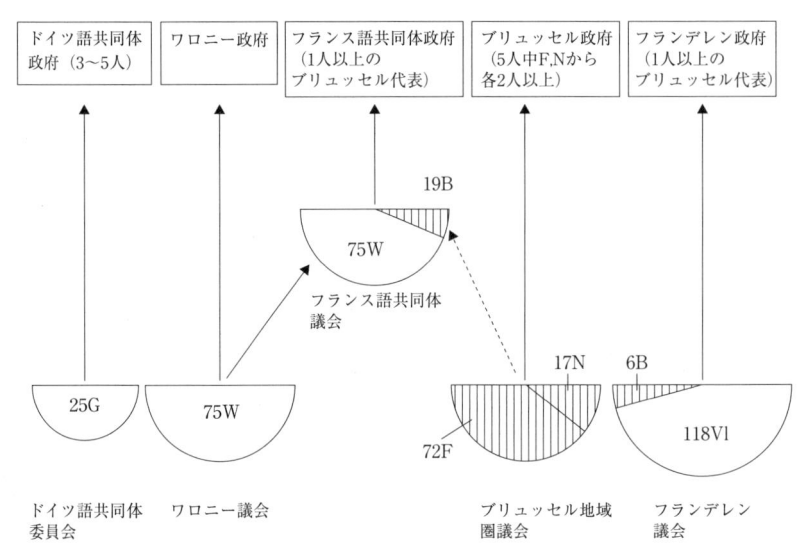

図 4-3　共同体と地域圏の諸機構

| ドイツ語共同体政府（3～5人） | ワロニー政府 | フランス語共同体政府（1人以上のブリュッセル代表） | ブリュッセル政府（5人中F,Nから各2人以上） | フランデレン政府（1人以上のブリュッセル代表） |

19B
75W
フランス語共同体議会

25G　75W　　　　17N　6B
　　　　　　　72F　118Vl

ドイツ語共同体委員会　　ワロニー議会　　　　ブリュッセル地域圏議会　フランデレン議会

注：図の中の G…ドイツ語系，F…フランス語系，N…オランダ語系，B…ブリュッセル，W…ワロニー，Vl…フランデレンを意味する。
　　数字は議会における議席数。
出所：C. -É Lagasse, *Les nouvelles institutions politiques de la Belgique et de l'Europe*, Érasme, 2003, p. 268 の図を参照して作成。

し，議会で反対票を投じないことを決定した。

　PSC が棄権し成立した2001年7月13日特別法では，共同体の収入は，連邦が徴収した付加価値税と個人所得税からの分配金，課税権が共同体から地域圏に移行したテレビ・ラジオ税分の補償，外国人学生への基金の3つが中心であった。金額的には，付加価値税からの分配金が全体の65% 余りを占め，次いで個人所得税からの分配金が約25% となる（2003年予算）。地域圏は独自の課税権を広く認められ，その税収とともに，連邦からの個人所得税の分配金，個人所得が全国平均を下回る地域への格差是正補助金が主な

財源となった[26]。財政特別法は，オランダ語系とフランス語系の度重なる交渉と合意の結果であった。いずれの言語集団，政治勢力にとっても不満を残す妥協であったが，この法律では，共同体と地域圏の財政能力の違いを連邦政府が調整して全国一律の行政サービスを実現するという考え方が後退したとみられる。共同体への付加価値税配分については，各共同体からの徴収額に応じて配分するという方式が導入されることになり，2011年までには配分総額の約20％がこの基準で配分されることになった[27]。したがって，経済力のある地域が多額の分配金を得ることになり，生徒数を基準とする需要に応じた分配により地域間の社会統合を図る効果は薄れることになった。さらに地域圏の財政自主権が拡大し，独自に税率を定めることができる税金の範囲が拡大し，個人所得税に関しても地域圏が地域内住民の税率を一定の条件のもとで変更できることとなった[28]。地域固有の課税方法が認められて，地域圏の財政自主権は強まり，独自の政策を実施する余地が広がったのである。

おわりに——補完性原理とベルギー国家のゆくえ

これまでみてきたように，言語・地域利益の対立において，しばしば二極化して，ともすれば分離主義に導かれやすい状況を，交渉可能な争点を見つけ出し緩慢ながら調停の場で妥協を進めることができたのは，伝統的なエリート協調の方式と彼らに委任して正統性を付与してきた有権者が存在したからであった。

しかし，この調整方式がこれからの連邦制の整備において，どこまで通用するかについては疑問である。1991年選挙で大幅に票を伸ばし，それ以降オランダ語系地域で主要政党を超える支持を獲得したフラームス・ブロック

現象は，多くの有権者が民族主義と反移民主義の主張に魅力を感じたというだけでなく，既存のエリート協調の担い手である主要政党への不満から投票したという側面を考えなければならない。有権者が，制度化を進める政治決定方式にどこまで民主的正統性があるとして受け入れるかが，今後の連邦制の行方を占う鍵になるであろう。

マーストリヒト条約において「民主主義の赤字」への対応として言及されるようになった補完性原理についても，連邦国家はより主権者に近いレベルで政治的決定がなされることを基本としているとして，またそれが国家内の少数派の権利保護としばしば結びついて，民主主義の理念に適合的であると評価される。たしかに補完性原理は，中央政府から地方政府への権限の移譲を正統化する理論にもなりうる。しかし，一方で，どのような権限をどの単位に委ねるのかについては，理論上必ずしも自明のことではない。また，構成単位自体をどのように設定するかも問題になりうる。さらに，構成単位が自ら担うべきだと主張する役割の大きさや種類についても，構成単位によって考えが異なる。補完性の主張は，中央政府に加えて他の構成単位との関係性の否定に働く場合，国家統合を弱める効果をもつことになる。

遠心化傾向の強いベルギーでは，補完性原理はフランデレンの政治家により，共同体・地域圏への権限の移譲と財政の自律性の確保の根拠として主張される。一方のワロニーは，ベルギーの社会統合を民主主義にとって重要だと主張し，連邦政府がワロニーの教育や福祉の実現を支援すべきであり，そのためにフランデレンからの収入がワロニーに移ることは必要であると考える。フランデレンではこの財政の流れに対する不満が膨張し，分離主義の動きがさらに強まる傾向にあり，政治エリート間の協調を困難にしている[29]。複雑で理解しにくいベルギー連邦制が機能し続けるか否かは，国民が連邦制の維持を肯定する要因をどこに求めるか，または分離独立に向かう要因をいかに弱めていくかにかかっている。

第 4 章　ベルギー連邦制の展開と課題　115

(本稿では連邦構成体のひとつを地域圏と訳した。これは原語では geweest/région であるが,「地域」と訳すと行政単位の呼称以外に使う場合と混同するので, 共同体と異なり領域性に基づくものという意味も含めて, 地域圏という訳語で統一した)

1) 言語・地域紛争を含めたベルギー政治史についての英語文献としては, E. Witte, J. Craeybeckx & A. Meynen, *Political History of Belgium: from 1830 onward*, VUB Univ. Press, 2000 を参照のこと。
2) ベルギーでは言語使用者数に関する国勢調査が 1960 年以降実施されていない。これにはブリュッセルにおける言語調査により, オランダ語とフランス語の人口比が明らかになり対立の原因になることを避けるという政治的配慮が働いている。
3) 中央政府から配分される予算額は, それまでの約 7% から約 32% へと増加することになった。一般目的または特定目的の交付金としての配分と, 地域圏については新しく制定された地域税の収入からの移管がある。
4) 憲法の用語については, 武居一正「16 章　ベルギー王国」, 阿部照哉・畑博行編『世界の憲法集』有信堂, 2005 年, を参照しつつ, 本稿での表記については著者が若干の変更を加えている場合がある。以下では共同体について, 原文からの訳として, フランデレン共同体・フランス語共同体という用語を使う。フランデレンはベルギーにおけるオランダ語系地域と住民の呼び名となっているが, 19 世紀の末になってフランス語地域との対抗上オランダ語地域全体を指して使われるようになった。また, フランス語共同体は, オランダ語の文化的結束に対抗して形成されたが, フランス語系相互の文化的結びつきは強固でなく, 言語的に共通であるフランスとの一体性も意識されていない。
5) 共同体の権限については憲法第 127 条〜第 133 条, 第 140 条に, 地域圏の権限については同じく第 134 条に, さらにブリュッセル地域圏については第 135 条・第 136 条, 共同体と地域圏の権限の移転については第 137 条〜第 139 条に規定されている。
6) 憲法第 67 条・第 68 条, 参照。
7) 憲法第 5 条第 1 項, 参照。かつての州内に言語境界線が横断していたために, 境界線で分割されてオランダ語州とフランス語州が誕生した。
8) 憲法第 175 条〜第 178 条, 参照。
9) 1963 年にそれまでの言語調査を基にして, 法律により言語境界線が設定され, この境界線の北はオランダ語圏, 南はフランス語圏 (それぞれ単一言語圏, ブ

リュッセル首都圏を除く）とされた。ただし境界線付近の市町村のなかには，少数派となった言語使用者に対する例外的な措置が認められるものもあった。1980年代後半に言語対立の象徴となったフーロンは，オランダ語州リンブルグ内で相当数のフランス語系が住む自治体であり，フランス語系に対する特別措置がとられていたが，市長アッパールがオランダ語使用を拒否して，管轄州をフランス語州に移すことを主張するなどの対立が表面化した。

10) P. Peeters, Multinational Federations, Reflections on the Belgian federal state, in M. Burgess & J. Pinder (eds.), *Multinational Federations,* Routledge, 2007, p. 37. ２つの構成単位からなる連邦においては，紛争を緩和する機能が弱く，緊張が高まると閉塞状態に陥ることが多いと指摘されている。

11) 仲裁院は，連邦政府が上院の推薦に基づいて任命する12人の裁判官からなり，6人は元政治家，6人は法律の専門家である。

12) 首相と5人の大臣の内訳は，オランダ語・フランス語が同数でなければならないとされている。

13) 遠心的な連邦において，EU加盟国としての統一の必要性が抑制力として働いていると考えられている。(C. Erk & A. -G. Gagnon, Constitutional Ambiguity and Federal Trust: Codification of Federalism in Canada, Spain and Belgium, in *Regional and Federal Studies,* vol. 10, no. 1, 2000, p. 104) もっともEU統合がベルギー統一に与える効果は必ずしも一義的ではない。例えばL. Hooghe, België vanuit Canada bekeken, in M. Swyngedouw & M. Martiniello (eds.), *Belgische toestanden*, Standaard Uitgeverij, 1997, pp. 192-193.

14) 全国政党が不在のゆえに，地域政党は連邦と地域のバランスを考慮して抑制的になり，地域間で政党の主張を調整しようという意識が強くはたらくとの見方もある。(K. Deschouwer, Kingdom of Belgium, in J. Kincaid & G. A. Tarr (eds.), *Constitutional Origins, Structure and Change in Federal Countries*, Mcgill Queens Univ. Press, 2005, p. 60)

15) 1999年選挙の結果，下院定数150議席中，PVV 23議席，PRL-FDF 18議席，SP 14議席，PS 19議席，Agalev 9議席，Ecolo 11議席，野党となったオランダ語系キリスト教民主党（CVP）22議席，フランス語系キリスト教民主党（PSC）10議席，フランデレン人民同盟（VU）8議席，フラームス・ブロック15議席であった。

16) 地域間で経済状況が異なるが，1996年統計を基にした1人当たり課税対象所得は，フランデレンが最も多く，ブリュッセルはその94.2％，ワロニーは92.9％にとどまっている。2000年統計では，失業率においても地域格差が現れており，

ワロニーの失業率はフランデレンの約2倍である。(W. Swenden, Asymmetric Federalism and Coalition-Making in Belgium, in *The Journal of Federalism*, vol. 32, no. 3, 2002, pp. 69-70) R. Dandoy & P. Baudewyns, The preservation of social security as a national function in the Belgian federal state, in N. McEven & L. Moreno (eds.), *The Territorial Politics of Welfare*, Routledge, 2005, pp. 156-157 によると，財政的には，豊かなフランデレンからの収入がワロニーとブリュッセルに移動することになる。社会保障部門においては，1999年にフランデレンから当年GDPの約1%にあたる額がフランデレンから他の二地域に移されており，そのうちブリュッセルに25%，ワロニーに75%の割合で配分されている。

17) この会議は31人のメンバーからなり，内訳はオランダ語系・フランス語系各15人，ドイツ語系1人であった。首相は最初の会合において，オランダ語系とフランス語系，ドイツ語系の新しい契約としての連邦主義を進め，構造や機構の改革とともに，共生の質の向上を図ることが今後の目的だと語った。

18) M. Verdonck & K. Deschouwer, Patterns and Principles of Fiscal Federalism in Belgium, in *Regional and Federal Studies*, vol. 13, no. 4, 2003, p. 98.

19) 9月16日のフランス語共同体記念日には財政法改正をとりあげた演説が盛んに行われ，ワロン地域圏政府首相ファン・コーウェンベルヒは，団結（ソリダリテ）の原理に基づき財政法は制定されなければならないと主張した。(M. Deweerdt, Overzicht van het Belgische politiek gebeuren in 2000, in *Res Publica*, n. 2-3, 2001, p. 261)

20) 2002年から10年間で，増額される補助金は約1,100万ユーロの予定であった。

21) 自由主義政党と選挙協力を結んだFDFが法制化に反対したため，VUからの支持はとりわけ重要になった。

22) この時に党の妥協的態度を批判して離脱したグループが設立したのが，フラームス・ブロック（現在のフラームス・ベラング）である。FDFはこの協定については受け入れられないとの態度を明らかにしていた。VU政党の形成とジレンマについては，M. Platel, *Communautaire geschiedenis van België, Davidfonds*, 2004, pp. 218-219. S. Govaert, La Volksunie: Du déline à la disparition (1993-2001), *Courrier Hebdomadaire*, n⁰ 1748, 2002. 議会外のフランデレン運動諸勢力からの圧力とフランデレン政府与党としての立場の間で，党としての選択が困難であった。

23) フラームス・ブロックをそれ以外の主要政党が協力して排除しようとする試みには，フランデレンにおけるフラームス・ブロックを連合政府に含めないという「防疫線（cordon sanitaire）」政策がある。しかし，ブリュッセルで構想された名簿連合は，新規参入政党や主流派に近い小政党には効果があるが，すでに勢力を

拡張した（1999年選挙でブリュッセル-オランダ語系11議席中4議席を獲得してオランダ語系最大政党）フラームス・ブロックへの効果は疑問視されている。(D. Jacob & M. Swyngedouw, Territorial and Non-territorial Federalism in Belgium: Reform of the Brussels Capital Region, 2001, in *Regional and Federal Studies*, vol. 13, no. 2, 2003. p. 137)

24) その他，ブリュッセルからフランデレン議会に参加する5人の議員の選出を，ブリュッセルのオランダ語系有権者だけでなくフランデレンの有権者の投票により実施しようという制度が提案された。ブリュッセルではフラームス・ブロックの影響力が強く働きやすいので，フランデレンの票をあわせることで極右政党の議員を減らせるのではという発想からであった。しかしこれは，仲裁裁判所によって無効が宣言された。

25) *De Standaard*, Dossier "Lambermont-bis" を参照。

26) 2001年法で地域圏へ徴税権が移ったものとしては，賭博税，固定資産税，相続税，道路税，テレビ・ラジオ登録税などがあり，基準税額，税率，免除基準を地域で設定できることになった。

27) ブリュッセルについては，フランス語共同体に80%，オランダ語共同体に20%の割合で配分されることとされた。

28) 税率変更幅には制限がかけられ，2003年までは3.25%，それ以降は6.75%が最大幅と設定された。また連邦法が定めている税金における累進性に抵触しないことが定められた。

29) 地域レベルの議会と政府の政治家が，連邦レベルと分離して地域の利益を主張する傾向が強まるにつれ，エリート間協調により維持されていた連邦レベルでの調整に影響がでるのではないかと考えられる。(W. Swenden, What - if anything - can the European Union learn from Belgian federalism and vice versa?, in *Regional and Federal Studies*, vol. 15, no. 2, 2002, pp. 200-201) ベルギーの協調を維持するための条件として，少数派の尊重，極右勢力の抑制，共同体と地域圏の間の均衡，裁判所の仲裁機能の強化を挙げ，遠心力と協調性を両立させるエリートの存在の重要性を指摘するものもある。(P. Delwit & J. -B. Pilet, Fédéralisme, institutions et vie politique. Stabilité, instabilité et retour, in *L'état de la Belgique*, De Boeck, 2004, p. 45, p. 78)

第5章　スイス連邦制における補完性原理
――「新財政調整」をめぐって

田　口　　　晃

はじめに

　スイスの連邦制を「補完性原理」の観点から論じることはそれほど簡単ではない。「補完性原理」を分析概念として見るのか，規範概念として見るのかという問題も厄介である上に，恐ろしく多様で独立性の強い州によって構成されているスイス連邦は，実際の運営を視野に入れると複雑きわまりない対象で，とても単一の視角から一論文で扱える代物ではないのである。そこで，本稿では主として州と連邦の間の連邦制的な財政運営に光を当て，今日的テーマとして 2004 年に成立して 08 年から実施されている，いわゆる「財政調整」に対象を限定することにしたい。

　本論に入る前に，スイスにおける「補完性」概念の歴史を簡単に見ておこう。言うまでもなく，「補完性原理」は本来カトリックが唱えたものであったが[1]，マーストリヒト条約で取り上げる際，それでは不都合なので，改革派のアルトジウスも提唱者に加え，平衡を図ったわけである[2]。スイスでもこれを全面に押し出しているのはカトリック勢力であって，彼らは連邦制に限らず，スイスの政治社会全体の特質を「補完性原理」によって説明し，かつそこに価値を認めている。例えばカトリック系の慈善団体「カリタス」は

社会福祉，福祉国家に関しても「補完性」をスイスにおける原則と考え，そう主張しているのである[3]。とはいえ，現在ではスイスでもカトリック専用の用語ではなくなっているようである。現代スイスを代表する政治学者R. リンダーによれば[4]，1931年の教皇回勅の後，1943年福音派の神学者E. ブルンナーが『正義：社会秩序の基礎』の中で認めて以来，「補完性」は宗派を越えた共通了解になったという。政治学では，「補完性」の観点から連邦制を最初に論じたのは，P. ヴァイレンマン『スイスの平和』(1952) だといわれる[5]。寓目の限りでは，L. シュールマンがJ. シュタイナー編著の中で1971年に「補完性」の語を使っている[6]。

けれども，広い分野でごく普通に用いられているか，といえばそうでもない。1998年に成立したスイス新憲法には，「補完性原理」の精神が見られるとされ，日本の憲法学者にもそう解釈する人が多いけれど，「補完性原理」という言葉は入っていない。法律用語として用いるには曖昧すぎるという批判を受けた結果らしい[7]。さらに，本稿で取り扱う，2001年の新財政調整に関する政府原案にもこの言葉が盛り込まれていたから，徐々に定着しつつあるのかもしれないが，成立した条文にはこの言葉は見当たらないのである。本稿では連邦中央政府と州の財政関係の最近の変化を中心に，「補完性原理」という視点と表現にも留意しながら追ってみることにしたい。

第1節　連邦制のもとでの中央と地方

最初にスイスの連邦制の特徴をごく簡単に見ておこう。スイスの連邦制国家は，もともと独立していた諸州（カントン）が，内戦を経て1848年に統一して作られたものである。したがって，スイス政治では連邦からではなく，州から出発して議論をたてるのが通例である。ここでも，まず州から見

第 5 章　スイス連邦制における補完性原理　121

ていくことにしよう。

　スイスの諸州を見て，とりわけ目に付くのが，その多様性である。最も小さい都市バーゼルは面積が 37 平方キロメートルしかないのに，最大のグラウビュンデンは 7,100 平方キロメートルもある。人口では最小のアペンツェル＝インナーローデンが 13,000 人であり，総じて少ない。30 万を超えるのは 3 州だけで，そのうち最大のチューリヒ州が 56 万を数えている。大都市と山間部，さらに平野部の州では産業構造も異なる。したがって経済的，財政的に豊かな州と貧しい州のばらつきも大きくなる[8]。

　比例代表制で選ばれる州議会と，5 ないし 9 名の大臣からなる州政府を除けば，政治制度も多様である。議会，政府とも名称は州によって異なる。カトリック信徒だけが住み，キリスト教国民党が政権を握って来たアペンツェル＝インナーローデン州以外は，すべて複数政党からなる連立政権なのだが，連立の組み合わせも州ごとに異なっている。以前は，カトリックの旧「分離同盟」系諸州でキリスト教国民党が行ってきたような一党優位の州政治が多かった。しかし，その後優位政党が弱小政党に譲歩する「自発的比例制」を導入した結果，現在では，連邦中央政府と同じように，自由民主党，社会民主党，キリスト教国民党，スイス国民党の 4 党連立，もしくは地方政党も加えたそれ以上の複数政党代表者からなる過大規模連立政権が最も多い[9]。

　スイス政治の原点ともいうべき基礎自治体のあり方も様々である。スイス全体で 2,300 ほど存在する。大はチューリヒ市の 40 万から小は山岳にある 20 人ほどの小村まで，ばらつきは州以上に大きい。州内の行政組織の編成も州の主権に属するから，権限や州との関係，あるいは基礎自治体の呼称は州ごとに異なっている。フランス語圏の幾つかの州以外の全域で基礎自治体の中心は住民集会が担っている。そこで自治体政府のメンバーを選び，課税を含む予算・決算と条例を定める。都市化とともに住民集会の比重は下がり，住民が役職を交代で担う民兵方式の住民自治も減少しているが，依然ス

イス政治の原細胞として重要な存在である。また連邦制を考える場合，連邦と州と基礎自治体を3種の主体とみなすのが普通である[10]。

スイス連邦成立当初，連邦中央政府の権限は外交・軍事を除けば，郵便，通貨，度量衡の整備といった経済的基礎条件に関するものに狭く限定されていた。中央政府の官僚は50人前後と極めて少数であったから，すべてに州の支援を必要とした。種々の立法の下準備に州政府の協力が不可欠であり，そこから原案を予め州に諮る「事前聴取制」が誕生したのである。また，連邦政府の財源は関税に限られたから，当初は州からの拠出金・分担金に大きく依存していた[11]。つまり，中央政府は立法，財政の両面から州の支えを必要としていたのである。

それが19世紀末から様子が変わってくる。鉄道敷設を中心とするスイスの産業化，工業化の進展，通商の拡大を背景に近代国家としてのスイスの様々な制度が整備されてくるにつれ，連邦政府の業務は当然増加し，連邦政府の組織規模も拡大する。中央政府の歳入も，通商拡大に加え1891年以後の一連の引き上げによって関税収入が増加することで潤沢になった。そうして1902年には各州からの拠出金に頼らなくなる[12]。それどころか，農業教育，職業教育，交通政策，全国団体事務局，射撃同好会等の分野で連邦政府から州に補助金が配付されるようになった[13]。

連邦と州との関係が大きく変わったのが第一次世界大戦とその後であった。大戦の際，中立とはいえ戦争態勢をとったから，連邦中央政府の強化が不可避となり，議会の事後承認を得る政府決定および財産税と所得税の連邦直接税が時限措置として導入される。

さらに戦後，時限措置が廃止された後も，不況対策や新産業分野に対応するために連邦中央政府の規模が増大しつづけた。連邦中央政府は，新たな各種連邦直接税の導入で財政基盤を固めるものの，人員組織的には対応が間に合わなかったから，連邦政府が立法により新分野で新たに権限を獲得する一

方，執行は州に任せ，予算措置を講ずるという手段に出た。いわゆる「執行連邦制」（Vollzugsföderalismus）の登場である[14]。なかでも，道路交通，船舶航行，水力発電，穀物供給といった「技術分野」で，こうした「執行連邦制」が戦間期に増大したのである[15]。ここから，連邦と州の間に権限と財政支出をめぐる複雑な網の目が展開していくことになる訳である。政策形成では「事前聴取制」で州の知恵を借り，財政的には州の分担金に依存する形で出発したスイスの連邦制は，「事前聴取制」の重心が州から利益団体に移動し，直接税の整備で州分担金が不用になることで，中央政府の比重の高いものに変質してゆく[16]。続いて，世界恐慌から第二次世界大戦の時期に時限措置として行われた連邦政府の権限と財源との強化が，この傾向に拍車をかけた。

連邦中央強化の戦時措置は第二次大戦後に廃止される。しかし，戦後の経済成長がもたらした社会的流動性の増加と福祉等中央行政課題の増加に伴い，道路，通信等のインフラ整備を含め，中央政府の業務は戦間期以上に増加した。その間，1950 年に提起された分担金の復活イニシアティブの敗北こそ，伝統的分権・連邦主義の最終的敗退を意味したと言ってよい[17]。その結果，連邦制の行政実態と法および憲法の定める形式との乖離が進み，全体に種々の齟齬を孕んできた。そうして，実情を把握したうえでの連邦制度の改正があちこちで必要になってきたのである。ここでは，スイス連邦全体の枠組みである憲法の全面改正の経過について，簡単に見ておく[18]。

連邦憲法の全面改正は，1960 年代後半から始まった第 1 次改正作業で，77 年に全面改正草案が提示されるところまでいったが，「事前聴取」の過程で州からの批判を浴びて挫折した[19]。代わって，85 年の新たな政府報告書を審議した議会が 87 年「全面改正決議」を行い，第 2 次改正作業が始まった。これも一時中断していたが，ヨーロッパ統合をめぐる議論と国民投票による否決に刺激されて 94 年から再開・本格化し，95 年改正草案が出される。そ

うして、98年議会通過の後、99年4月の国民投票で120年ぶりの憲法全面改正が実現したのである。連邦制の下では国民の意思決定までに様々な手続きが必要であり、曲折を経て大変に時間のかかることは、憲法改正過程を外から見ていてもよくわかる。ともあれ、2000年1月1日から、実態にあい、かつ将来に向けて整合的な連邦制を文言として定着させた新憲法が発効した[20]。

2000年憲法の新たな改正点には、古典的な個人自由権の追加と、基礎自治体に関する条項の初登場など、伝統的な州を主体とする連邦制という性格の変更が含まれてはいるけれども[21]、依然として第3条で「カントンは、連邦憲法により制限されない範囲で、主権を有する。カントンは、連邦に委嘱されていない全ての権利を行使する」と規定しており、州がスイス連邦国家のもっとも重要な構成主体たることが認められいる。そうして、この条文および第3篇第1章第1節、とりわけ、第42条、第43条が、通例補完性原理を表現すると解されているのである[22]。新憲法という大きな枠組みの中で、改めて20世紀後半から21世紀にかけての州と連邦の関係、権限と相互調整のあり方を眺めてみよう。

まず、大摑みに言って、政策決定における連邦中央と州との相互調整過程に幾つかの特徴が窺える。連邦の最重要立法機関である議会は、比例代表制で選ばれる「国民議会」と、各州2名の代表からなる「全州議会」からなるアメリカ型の二院制を採っている。しかし、アメリカと違ってスイスでは両院は完全に対等である。つまり「州」の代表が「国民」の代表と同じ権能を持ち、どちらの議会も先議権などの優先権を持たない[23]。

さらに、立法における「事前聴取制」も健在である。これは現在では全国利益集団の意見聴取の制度、つまりコーポラティズムの制度として機能しているが、元来は州の意志を反映させるための制度であり、後に見るように州の権限に関わる問題の場合は依然各州が聴取の主対象となる。州と連邦政府

の間に係争が生じた場合には，連邦政府ではなく連邦裁判所が判断を下す。その際，州と連邦は対等な当事者である[24]。加えて国民投票における二重多数という制度がある。有権者の過半数の他に，過半数を超えた州の数も13以上でなければ国民投票を通過したことにならないのである[25]。さらに付け加えれば，中央官庁と州政府の担当者の間にも上下意識はなく，州職員は連邦政府職員と平等，対等という「政治文化」の存在も連邦・州関係を規定している[26]。

連邦中央政府と州の権限は実際にどのように分かたれているのであろうか。後段で見るように，財政調整の再検討は連邦と州の権限の再検討とセットで行われているので，ここで幾分詳しく見ておこう。権限にはまず，もっぱら連邦中央に帰属するものがあり，関税，通貨，火薬，アルコール，郵便，電信，電話，鉄道それに外交が挙げられる。

次に，問題となるのは連邦と州の権限が交錯する分野で，ここは複雑である。第1に立法，執行とも連邦の権限だが州の協力をえる分野があり，ここには軍事，国防が入る。州が国防税を徴収して，装備に責任を負い「民間防衛」を組織する。第2に，立法権は連邦に属するが，執行は州で担当する分野で，工場法，度量衡管理，国籍，民・商・刑法のほか原子力エネルギー，国道管理，老人・傷病者保護，それに放送が含まれる。第3に，連邦から州に立法権が与えられているものとして，労働と職業団体に関する法，失業保険，家族保護，借家人保護，価格監視，消費者保護，環境保護があげられる。第4のグループは立法権を共有する分野である。伝染病，疾病保険，外国人対応，銀行，道路と橋，水の保全，動・植物保護がここに属する。第5に競合する分野が残る。公共秩序の維持，宗教，暴力犯取締である。

最後に州の権限をみると，これも単純ではない。第1に，連邦の監督のもとにおかれる分野があり，堤防森林警察，狩猟・漁業，国籍・公民権の与奪，初等学校，水力利用，映画を含む。第2に州憲法が定めているものとし

て地域開発,歴史遺産保護があり,第3に州法で行う分野があって,行政組織(基礎自治体,政府機構,首長の名称も州ごとに異なる),裁判,商・工営業権,教会,自然と景観の保護が含まれる[27]。

こうした,連邦とカントンの間の複雑に交錯する権限のなかで,「執行連邦制」が発達してきたわけである。加えて,連邦憲法に定められていない事項はまず,州に属するとされているから,州の法令で定める検討が優先されるが,大きな問題や複数の州に共通の課題であれば,連邦と協議することになる。そうすると,新たな協力分野が誕生するわけであり,「執行連邦制」はますます膨らむ結果となる[28]。

スイスの連邦制を「補完性原理」の観点から考察するとすれば,いま一つ検討すべき領域がある。それがカントン間の横の協力関係であり,連邦・州間の「垂直的連邦制」と対比させて「水平的連邦制」と呼ばれる分野である[29]。19世紀の連邦成立以来,Konkordatと呼ばれる州間協定が長い間その中心であった。19世紀には居住の自由の相互承認が中心課題であったが,20世紀では教育の調整や大学の共同経営など文化領域で締結が増加し,2006年現在,733の州間協定が存在している[30]。スイスの州の多くは様々な課題・業務を行うのに規模が小さすぎる。といって,歴史的経緯から合併論は問題にもならない。そこで「広域圏」的な協力枠組みが作られてきた訳である。なかでも画期的なのが,1967年,ゾロトゥルンに設けられた「州間水平協力財団」の活躍であった[31]。ここを中心に,従来の州間協定を超えたカントン同士の協力の枠組みが,まず州の「財政担当者会議」として結実する。後に見るように,ほかならぬこの組織が財政調整改革の推進機関となるのである。93年のEWR(「ヨーロッパ経済地域」)加盟問題の際,「州政府間会議」が立ち上げられ,現在では22の分野でそれぞれの州担当者会議が活躍している[32]。

第2節　財政から見た連邦中央と州──「新財政調整」

2000年から施行されている新憲法で，連邦中央政府と各州政府の財政に触れているのは，第129条「租税の調和」（Steuerharmonisierung）と第135条「財政調整」（Finanzausgleich）の2条である。スイス財政を長年研究してきたR.フレイ（Frey）は端的に，スイス財政の連邦制は「補完性原理」に基づいている，と書いている[33]。連邦に明示的に属する税以外は州に帰属するとされているからである。実際はどうか。本節では財政の制度と運営の面からスイス連邦制を検討し，04年に成立した連邦政府と州政府の間の新しい財政調整の中身と意味を検討する。

まず，スイス全体の公的収支の配分を連邦，州，基礎自治体の3主体に分けて見ると，過去10年では，大摑みにいって全歳入の60%を占める州と基礎自治体が，歳出では75%を担っている。そうして，その差が連邦からの財政調整で埋められてきたのである[34]。

そこで，歳入の特質と推移を税制を含めて見ておく。先述のようにスイスでは課税主権は，連邦，州，基礎自治体の3者がそれぞれに持っている。現在では連邦が独占する税は連邦税と呼ばれ，付加価値税（Mehrwertsteuer），源泉徴収税（Verrechnungssteuer）[35]，特別消費税（Verbrauchssteuer）が3本柱である。さらに連邦直接税として所得税（Einkommensteuer）と収益税／資本税（Gewinnsteuer）とがあるが，その10分の3はカントンに配分されることになっていた。

他方，州と基礎自治体は財産税（Vermögenssteuer），土地保有税（Besitzsteuer），奢侈税（Aufwandsteuer）等を課すことができる。以前よりは重要性が減じているものの，州・基礎自治体の税自治制（Steuerautonomie）は象徴的意味も含め，今でも堅持されていると考えられている。例えば，税率と

控除の決定は今でも州と基礎自治体の権限である[36]。

　全体で見ると間接税はもっぱら連邦政府に帰属し，直接税は州，基礎自治体の比重が高い。3主体間の歳入比率は2002年の資料でみると，1,613億7千万スイス・フランの総税収の中で，中央政府に514億3千万フラン（32%），州政府に662億9千万フラン（41%），基礎自治体政府に436億5千万フラン（27%）が税として徴収されている[37]。

　また，州が課税権の重要部分を保持する限り，税制と税負担が州によって異なってくることは当然である。1人当たり個人所得が最も高いツーク州が租税負担率で最低クラスになっていたりする。税負担の少ない州に富裕者が移り住む，という傾向が見られるようである[38]。

　次に，歳出を連邦・州・基礎自治体の3主体間の比率で見ると，1986年には連邦政府35%，州35%，基礎自治体30%であったものが，94年にはそれぞれ37%，34%，29%に，さらに2002年では39%，35%，26%となっている。全体に中央政府の支出がやや増加し，基礎自治体が若干減じている[39]。しかし，実態を理解するには，これでは不十分である。まず政策分野別に見る必要がある。2000年の例では，連邦政府支出の比重が高いのは外交政策で100%，国防政策で92.5%，財政・租税政策で87.2%，国民経済政策で56.9%などとなっているのに対し，州政府は治安・警察分野で68.2%，医療・保健で60.9%，教育で50.9%を支出している。また基礎自治体では環境・土地利用で63.5%，文化・余暇で54.2%が中心である。他方，司法・警察，医療・保健，教育における連邦政府の負担はそれぞれ7.9%，1.4%，15.2%となっている。多くの分野で連邦と州，さらには基礎自治体の支出が輻輳しており，そこに連邦補助金が絡んでくるわけである[40]。

　さらに注意しておくべきなのは，州民1人当たりの歳出比率と歳出構造とが州ごとに異なっている点である。例えば，ツーク州では教育費が28.6%を占めて最大費目であり，他州と比べても第1位になっている。1人当たり

歳出が最も多いのが都市バーゼル，少ないのがシュヴィーツ州である[41]。

連邦による支出の比率が上がっても，その3分の1弱が執行連邦制のメカニズムを通じて州政府に流れていくのであるから，そこで，中央―州間および一部は州同士で行われる財政調整について，次に見る必要が生じる。従来の財政調整は，1958年5月11日の国民投票で認められた憲法改正で，第42条第3項に「州間調整」が入れられると，それに基づいて59年6月19日に定められた「財政調整法」(Finanzausgleichsgesetz) によって行われてきたものである[42]。

まず，財政移転・再配分の客観的根拠として，カントンの「財政力」が定められる。スイス連邦における州の多様性は先述のように財政力の違いにも現れ，貧困州では1人当たり所得が富裕州の半分，という例もある。地理的位置や産業構造の違いが主要因であるけれども，これは放置するわけにはいかない。そこで，59年調整法では財政力を，(1) 住民1人当たり所得，(2) 住民1人当たり税収，(3) 租税負担，(4) 山間地比率という4つの指標によって測り，富裕州・中間州・貧困州の3ランクに格付けすることが決められた。当初は富裕カントン6，中間カントン12，貧困カントン7であったが，2年ごとの審査を経て，21世紀初頭にはそれぞれ4州，14州，7州となっていた[43]。

続いて，財政力を加味しながら行われる財政調整を見ると，連邦政府から州政府に回される財政移転の形態は大きく3種に分かれる。第1は「カントン割り当て」(Anteile) である。これは連邦直接税の30％と源泉徴収税の10％を原資とし，もっぱら州の「財政力」を基準に，貧困州に多く配分される。金額は2001年には約38億フランで，移転総額の4分の1を占める。

第2の費目は「弁済費」(Abgeltung) と呼ばれるもので，連邦の業務を州が執行した場合，その費用を弁済する，という意味である。これがいわゆる「執行連邦制」の中枢部分をなしている。これはさらに，厳密な意味での「弁

済費」と，総額として最も多く，かつ使途が細かく規定される「連邦分担金」(Beiträge)，および具体的プロジェクトに対して財政力を基準に支給される「投資分担金」の3種に分けられる。第3の柱は「財政補助」と呼ばれ，州業務であっても，例えば大学の運営などのように，全国的利害にかかわるもので，連邦が財政支援を行う。第2,第3の財政移転は，第1の場合と異なり，連邦政府が使途を特定し，州を監督するいわば紐つきの連邦補助金である。59年以降現在まで，第2の「弁済費」が増加し続け，「財政補助」と合わせて2001年で112億フランに達している[44]。

こうした財政調整は，公権力による適切な配慮が必要とされる，交通，エネルギー，保健，衛生，文化といった分野のサービス提供を，住民の需要にかなう意味で「効果的」に，また低コストという点で「効率的」に行うことを目的とした[45]。そうして実際スイスでは，分権に基づく州や基礎自治体によるサービス供給が，市民に近いところで市民の需要に応ずる形で行われてきたから，市民の満足度も高かったのである。したがって，それを支える連邦補助金は70年代までは「潤滑油」として比較的高い評価を受けてきた[46]。

財政調整のもう1つの狙いは，いうまでもなく，カントン間の格差是正，所得再配分であった。カントン間の貧富の差は，放置すると貧困州の税率引き上げ，経済停滞という悪循環をうみ，スイス国民全体の連帯ひいては統合を損ねる恐れがあるので，なんらかの形で連邦政府の関与による是正が必要になる。不平等の是正を通じてスイスの市民・国民同士の連帯を達成するという発想を支えてきたのは，1つには連邦の社会保障制度であり，それを通じて国民の間での再配分が一定程度行われてきたけれども[47]，それと並んで，いま1つが，「カントン割り当て」と州の「財政力」を考慮した連邦補助金とを通じた財政調整だと考えられてきたのである[48]。

補助金支給の全般的メカニズムは以下の通りである。自力では解決困難な新たな課題に直面した州が連邦に解決を要請する。それに対して，連邦は必

要な関連法をつくり、執行を州に委ねるとともに補助金を州に支給する。これが基本形態である。

けれども、州による活動力の差が大きいと、結果が異なってくる。活動的な州は直ちに対応できるが、不活発な州では補助金利用のタイミングが遅れ、そのせいでさらに余計な補助金が必要になったり、連邦による監督が必要になったりすることもある[49]。補助金と成果、およびその評価をめぐるそうした混乱の中では、往々にして連邦と州の間に、俗に「ババ抜き」とよばれる責任の押し付け合いも発生した[50]。

さらに、州間協力による水平的調整が不十分なところでは、州間の格差や差異をならし、州同士を協力させるために連邦が自ら介入し、複雑な調整を行う場合も出てくる。具体的には病院や図書館、学校など大都市圏の施設に、近隣の小州が「ただ乗り」している問題が思い浮かぶ[51]。

州が連邦に計画を強制できないから、州は連邦の計画の枠内で自分の目的の実現を図る。その際、連邦による指定分類が細かすぎれば、州の目的と一致しない事業を実施するケースも出てきて、結局、州自体の必要度の低い、無駄な事業を行うことにもなる[52]。

こうして、連邦と州の財政的連携はあまりにも膨大、複雑となり、20世紀も末になると非効率、無駄、不公正と様々な問題点が指摘されるようになっていたのである。

そこで、次に財政調整の再検討と改革の流れを追ってみることにしよう。「執行連邦制」の展開と拡大によって、複雑化し、かつ混乱と濫用が著しくなった連邦と州の関係を、財政の面から再検討する動きは、30年前から見られた。すでに64年3月、連邦議会は補助金見直し動議を可決している。憲法の全面改正の議論と平行して、財政連邦制の議論も進められていたのである。77年に連邦財政に関連する著書の刊行が集中している。その中でも注目に値するのは、「州財務担当者（州財務大臣）会議」が78年に出した『連

邦-州間の業務新配分のためのモデル』と題する小冊子である[53]。そこでは，スイスの連邦制国家運営の基準が「補完性原理」であることが明言されている。「補完性原理」は，当時すでに州（カントン）の政府メンバーの共通概念になっていたようである。同会議の主張は，一方で州の権限の空洞化を憂い，他方でバロック的迷路状態を呈する連邦・州関係の現状への批判を根底に置いている。そうした現状に対して，州は連邦の政策と法の単なる執行機関に止まってはならず，全体の均一的な課題は連邦に，個別多様な課題はカントンに，という明確な権限の分割が必要であるという観点を明確に打ち出している。そうして，その小冊子の中で，福祉，医療・保健，教育・文化，交通，環境・国土計画，司法・警察の諸分野について望ましい連邦・州関係のモデルを提示したのである。

このような州間協力の動きこそが，財政調整の改革を実際に推し進める原動力となった。執行連邦制に基づく補助金については，迷路のように複雑で見通しが利かないと言われ，全体のデータ整理すら行われていなかった状況の中で，91年，初めて包括的な「財政調整バランス・シート」をこの「州財務担当者会議」が作成したのである。これが大きな第一歩，改革の橋頭堡となる。その「財政調整バランス・シート」をもとに，狭い意味の財政調整だけでなく，補助金全体の見直しも議論されはじめた。加えて，連邦・州・基礎自治体，3主体の財政赤字も俎上に載せられ，1990年代には財政問題が様々に論じられることになった[54]。

そうした議論展開のなかで，連邦・州間の財政調整の改正に関しては，先の「州財務担当者会議」が92年に出した「方向枠組み2000」（Orientierungsrahmen 2000）が重要な議論の出発点となった。これを受けた94年の政府決定で，連邦政府と州政府の財政担当者の代表が同数で構成するプロジェクト・チームが立ち上げられると，すぐに具体的検討が開始されたのである[55]。プロジェクト・チームは94年末には「報告書」を出し，それが各

州と利益集団による「事前聴取」手続きに付された。事前聴取の結果を踏まえて，さらに第2次プロジェクト・チームが作られる。そうして，今度はプロジェクト・チームを中心に州間調整もはかられ，新憲法制定（98年12月国民投票，2000年から発効）という大きな事件を挟んで，99年4月第2次プロジェクト・チームの最終報告が出された。念には念を入れるスイスの「補完性原理」に基づく決定方式のもと，さらに第2「事前聴取」をへて，2001年11月，法律の政府原案「新財政調整」（Botschaft NFA〔Neue Finanz Ausgleich〕）が議会に提出された[56]。

　ここで議会提出までの「事前聴取」で現れた論点や批判点を整理してみると，まず従来の財政調整と補助金制度の難点として主に4点が挙げられた。1つは「効率目標と再配分目標の混同」という問題で，混同の結果，実効的な再配分は23億フランに止まると指摘される一方，補助金が弱小州に手厚くなり，効率化を阻害している点にも注意が喚起された。

　第2に問題にされたのは，目的指定の補助・移転に関するもので，州財政をうるおす補助が好まれて，必ずしも地域の必要に応じていないという点と，指定が細かすぎて州の状況に応じた利用ができず，結果的に非効率な使い方に終わっている例が多いという点，とが指摘されている。

　第3は，従来の執行連邦制では連邦中央と州との事業分担が不透明であり，そこから責任の不明確，無責任な執行が生じているという批判であった。

　最後に，「再配分目標」達成の基準とされてきた財政力指数が，特に大都市圏の負担が考慮されていないために，今では実情に合わない点と，そこから州間負担の不均衡が生じているという点の指摘がなされた[57]。

　そうした種々の批判を前に，新たな財政調整システムを国民的合意として作り出すために，財政中立の原則を立て，連邦，州の実務担当者に財政学の専門家を加えた「中立」的チームを主体に，全体として中立的な「学問的モ

デル」を作成する努力が続けられた[58]。

そうして成立した政府原案の改正は以下の3点にまとめることができる。第1は50分野で振り分けを再検討した結果，8分野を連邦の，6分野を州独自の事業とし，それぞれ3億フランと2億フラン，計5億フラン分，目的指定の補助金を削減することになった（削減率35%）。第2に，振り分け困難な共同事業については，補助金を長期総合的基準に立つ包括的なものに変えることが合意された。第3に州間協同に際し，負担の平等化も加味することも合意がなされた。

以上の改正点を含む政府原案は，02年には全州議会を，翌03年には国民議会を通過した[59]。議会審議では，社会党が全国統一基準の緩和で州によって福祉サービスが異なってくる不公平を指摘し，障害者団体の支援を受けて反対に回った。負担が増大するはずの富裕7州は制度には反対せず，その厳格化に懸念を表明するに止まった。旧制度で恩恵を受けていた州の懸念や，改正が不十分とする大都市圏の不満も，議会で表明された。権限を州に移すことに対しては，既得権が侵害される全国利益集団の側から懸念が，また州のレベルでは，財務局が強化されると複数州による決定の際に各州の州議会が無視される恐れが生じる点も指摘された[60]。

議会で出された批判や懸念に対し，政府は多数派形成のための妥協を模索し，以下の修正を行っている。負担急増を恐れる富裕州を宥めるため，経過措置として予定していた「急変緩和基金」を連邦の負担を増やす形で積み増しすること。大都市圏への配分を増やすこと。新設される9分野での州間協定の一般拘束力を，任意レフェレンダムの対象にすること。この修正で，元来予定されていた100億フランの節約を諦めることとなった[61]。かくして，漸く成立した「新財政調整」制度は2004年11月28日，国民投票にかけられ，成立したのである[62]。その後，新財政調整を実施するための憲法改正を経て，2008年から新しい制度が実施されることになった[63]。

第5章　スイス連邦制における補完性原理　135

図5-1　「新財政調整」に基づく資金のながれ

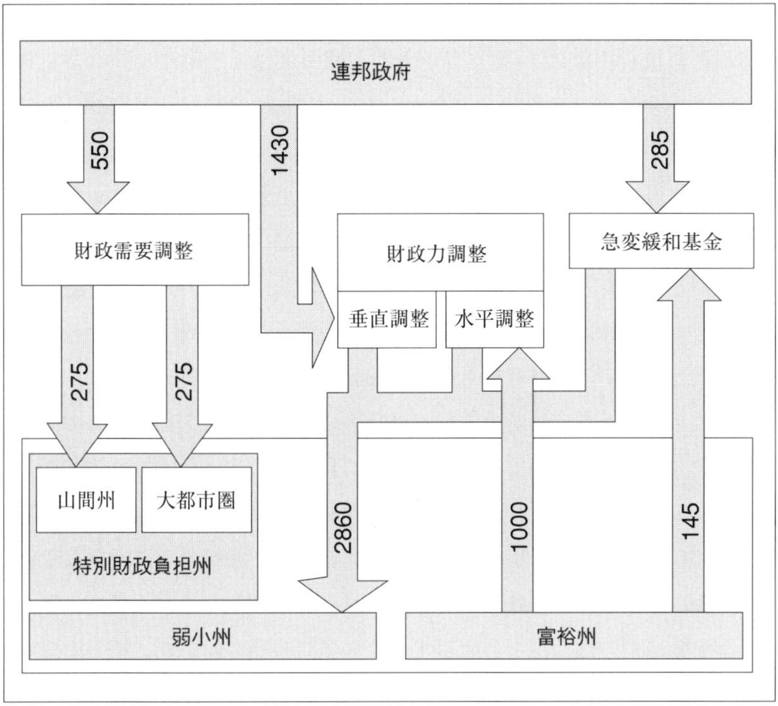

```
                        連邦政府
          ↓550          ↓1430           ↓285
    ┌─────────┐    ┌─────────┐    ┌─────────┐
    │財政需要調整│    │財政力調整 │    │急変緩和基金│
    └─────────┘    │垂直調整│水平調整│    └─────────┘
      ↓275 ↓275                              
    ┌─────────┐         ↓2860    ↑1000     ↑145
    │山間州│大都市圏│                             
    │ 特別財政負担州 │                             
    └─────────┘                               
       弱小州              富裕州
```

出所：NFA Faktenblatt 6, 2004.

最後に，新「財政調整」制度を簡単に整理しておこう。「新財政調整」では連邦政府と州政府の業務の可能な範囲（14分野）での明確な分離を行い，それぞれ独自事業とした上で，依然として残る共同36分野に対して，以下の制度を新設する。

旧来の財政力に加えてあらたに財政需要というカテゴリーを立て，山間州と大都市圏を特別財政需要州または特別財政負担州とし，ここには連邦から5億5千万フランの財政需要調整を行う。財政力指標で弱小な州に対しては

財政力調整を実施する。これは連邦からの垂直調整（14億3千万フラン）と富裕州からの水平調整（14億3千万フラン）とからなる。水平調整のうち富裕州の直接負担額は10億フランとし，残り4億3千万フランは暫定措置として設置する「急変緩和基金」から捻出する。「急変緩和基金」は連邦と富裕州双方からの拠出で設置し，拠出額は当面連邦が2億8,500万フラン，富裕州が1億4,500万フランとする。金額と拠出割合に関しては4年ごとに議会が見直しを行う。以上である[64]。

連邦からの移転総額が1990年に比べて2億8,500万フランと増加しているけれども，これは従来の紐付き連邦補助金から一括補助として財政調整に振り替えた分である。連邦から州への移転に関しては同時に透明度も高まっていることがわかる。新財政調整が成功裏に成立した原因は，従来のように権限再配分を議論した後で連邦から州への負担を移すという進め方でなく，公平な財政調整を前面に押し立て，権限問題は付随的に扱ったからだとされる[65]。たしかに，ツーク州など不利益を被ると考え反対する諸州をどう宥めていくか，今後の課題も残っている。けれども，州レベルから積みかさね，時間を十分にかけて合意を形成していくスイス政治の特色が，積年の難題である財政調整問題の取り扱いにもよく表れており，この決定過程自体，明示的に「補完性」という言葉は使わないにしても，たしかに「補完性原理」に則っている，と納得されるのである[66]。

1) Alfred Müller/Egon Tuchtfeldt, Subsidiaritätsprinzip, in *Schweizerischer Lexikon*, Visp, 1999, Bd. 11, S. 377.
2) Chantal Millon-Delsol, *Le principe de subsidiarité*, Paris, 1993 が，これ迄の歴史を簡単にまとめている。Ken Endo, The Principle of Subsidiarity: From Johannes Althusius to Jacques Delors, *Hokkaido Law Review*, 43/6, 1994, SS. 553-652 も参照のこと。
3) Ch. Kehrki et al., *Handbuch Armut in der Schweiz*, Luzern, 2006, S. 43. 第二次大戦直後のスイスについて，ルツェルン出身のカトリック神学者H. キューンク（Küng）

第 5 章 スイス連邦制における補完性原理　137

はその自伝の中で,「「補完性原理」を適用したスイスの連邦制,すなわち監視国家の否定」と書いている。(Hans Küng, *Erkämpfte Freiheit*, München/Zürich, 2004, S. 63)

4) Wolf Linder, *Schweizerische Demokratie*, Bern/Stuttgart/Wien, 1999, SS. 140-141.
5) A. Müller/E. Tuchtfeldt, *op. cit.*, S. 377; Hermann Weilenmann, *Pax Helvetica oder die Demokratie der kleinen Gruppen*, Erlenbach/Zürich, 1951.
6) Leo Schurmann, Rechtliche Grundlegung: Die verfassungsrechtliche Struktur der Schweiz, in Jürg Steiner (Hrsg.), *Das politische System der Schweiz*, München, 1971, S. 63.
7) René Rhinow, Bundesstaatsreform und Demokratie. Der Schweizerische Föderalismus aus rechtlicher Sicht, in *Föderalismus zukunftstauglich?*, 2005, S. 66.
8) André-Louis Sanguin, *La Suisse, essai de géographie politique*, Gap, 1983, SS. 25-67.
9) Jürg Steiner, *Amicable Agreement vs Majority Rule*, Chapel Hill, 1974, SS. 25-27.
10) Katia Horder-Papazian, Les communes, in U. Klöti et al., *Handbuch der Schweizer Politik*, Zürich, 2006, SS. 239-240.
11) 田口　晃「スイス」,矢田・田口『オーストリア・スイス現代史』東京,1989年,320-323頁。
12) U. Im Hof et al., *Handbuch der schweizer Geschichte*, Bd. 2, Zürich, 1977, SS. 1073, 1101.
13) 1874年の憲法全面改正で,軍事と統一法典,社会立法と交通整備が連邦政府の権限に加えられた。(Adrian Vatter, *Föderalismusreform*, Zürich, 2006, S. 21)
14) Dieter Freiburghaus/Felix Büchli, Die Entwicklung des Föderarismus und der Föderalismusdiskussion in der Schweiz von 1874 bis 1964, in *SZPW* 9-1, 2003, S. 38.
15) Wolf Linder, Entwicklung, Strukturen und Funktionen des Wirtschaft-und Sozialstaats in der Schweiz, in Alois Riklin (Hrsg.), *Handbuch. Politisches System der Schweiz*, Bern/Stuttgart, 1983, SS. 340-352.
16) 「事前聴取」とは連邦政府が立法を行う際に,関係諸団体に意見を聴取するスイス独特の制度で,利益集団が聴取の対象になる場合はコーポラティズムの機能を果たす。(田口　晃「スイスは何故ヨーロッパ統合に消極的か」『年報政治学』東京,1993年,138-139頁)
17) 憲法イニシアティブの制度もあるので,憲法の部分改正は毎度のことである。しかし,全面改正は100年に一度の大事業となる。法イニシアティブの制度がないため,元来個別の法として定めるべき事項がイニシアティブを通して憲法に入り込むことも,スイス憲法が不整合になる一因である。

18) Jean-françois Aubert, *Exposé des institutions politiques de la Suisse à partir de quelques affaires controversées*, Lausanne, 1978, SS. 38-40.
19) 参議院憲法調査会事務局『スイス連邦憲法概要』東京, 2002 年, 12-15 頁。先述のように, 1996 年の政府原案には「補完性原理」という言葉を新憲法条文に盛り込むことが提案されていた。(NFA Faktenblatt 4, Föderalismus/Subsidiarität: Woher kommt die Schweiz?)
20) Adrian Vatter, Föderalismus, in U. Klöti et al., *Handbuch der Schweizer Politik*, Zürich, 2006, S. 21.
21) その他の改正点については, 小林　武「スイス新連邦憲法の誕生」, 森田安一編『岐路に立つスイス』東京, 2001 年を参照。
22) 関根照彦「スイス憲法の概観」, 参議院憲法調査会事務局編『スイス連邦憲法概要』東京, 2002 年, 192-193 頁。A. Vatter, *op. cit.*, S. 81; Dieter Freiburghaus, Neuer Finanzausgleich und Föderalismusreform in der Schweiz, in *Jahrbuch des Föderalismus*, Baden-Baden, 2002, S. 377.
23) Ruth Rüthi, Das Parlament, in U. Klöti et al., *Handbuch der Schweizer Politik*, Zürich, 2006, SS. 141-143.
24) A. Vatter, *Föderalismusreform*, Zürich, 2006, SS. 155-157.
25) W. Linder, *op. cit.*, SS. 142-143.
26) Leonhard Neidhart, *Die politische Schweiz. Fundamente und Institutionen*, Zürich, 2002, SS. 220-224.
27) Raimund Germann, Die Beziehungen zwischen Bund und Kantonen im Verwaltungsbereich, in R. Germann et al., *Handbuch. Politisches System der Schweiz*, Bd. 3, Bern, 1986, SS. 345-348. U. Serdült/W. Schenkel, Bundesstaatliche Beziehungen und Governance in Mehrebenensystem, in U. Klöti et al., *Handbuch der Schweizer Politik*, Zürich, 2006, SS. 556-558.
28) Hans-Peter Kriesi, Le système politique suisse, Paris, 1998, SS. 62-65.
29) W. Linder, *Schweizerische Demokratie*, Bern/Stuttgart/Wien, 2. Aufl., 2005, SS. 144-145.
30) Daniel Bochsler et al., *Die Schweizerische Kantone unter der Lupe*, Bern/Stuttgart/Wien, 2004, SS. 93-95.
31) Georg Kreis, Ist übermorgen noch gut, was vorgestern gut war? Der schweizerische Föderalismus aus historischer Sicht, in R. Frey et al., *Föderalismus-zukunftstauglich?*, Zürich, 2005, SS. 55-57.
32) 70 年代の連邦再編に向けての憲法改正論の中心となり, 3 巻の Föderalismus Hear-

第 5 章　スイス連邦制における補完性原理　139

ings を 73 年にまとめた。(Stiftung für eidgenösische Zusammenarbeit (Hrsg.), *Föderalismuns Hearings*, 3 Bde, Zürich, 1973)
33) René Frey, *Föderalismus-zukunftstauglich?*, Zürich, 2005, SS. 13-15.
34) *Ibid.*, S. 22.
35) 預貯金利子に対する税であるが，口座を管理する銀行が源泉徴収するのでこの名がある。北海学園大学経営学部・今村聡教授の御教示による。
36) Alain Schoenenberger/Milad Zarin-Nejadan, *L'économie suisse*, Paris, 2005, SS. 94-102.
37) *Ibid.*, SS. 88-92.
38) Gian-Reto Plattner, Kraftquelle oder Kräftevershleiss? Der schweizerische Föderalismus aus politischer Sicht, in *Föderalismus-zukunftstauglich?*, 2005, S. 99.
39) D. Bochsler et al., *op. cit.*, S. 140; H. -P. Kriesi, *op. cit.*, S. 67.
40) Sonja Wälti, L'effet des rapports financiers sur la dynamique fédérale: la qualité médiative du fédéralisme suisse, in *SZPW* 9-1, 2003, S. 97-99.
41) D. Bochsler et al., *op. cit.*, S. 144 に一覧がある。
42) W. Linder, *Schweizerische Demokratie*, Bern/Stuttgart/Wien, 1999, SS. 171-172.
43) R. Frey, *op. cit.*, S. 24-25.
44) U. Serdült/W. Schenkel, *op. cit.*, SS. 558-560. もうひとつ，水平的負担調整，つまり他州の施設を利用した場合の弁済がある。(R. Frey, *op. cit.*, S. 25)
45) 因みに総予算の 21％ を占める社会保障分野では，各主体の財政負担が，連邦 52％，州 44％，基礎自治体 21％，11％ を占める交通の分野では，連邦 64％，州 40％，基礎自治体 21％，などとなっている。2001 年度には，重複分があるため 3 者合計は 100％ を超えているが，大体の目安にはなろう。(S. Wälti, *op. cit.*, S. 98)
46) Klaus Schumann, *Das Regierungssystem der Schweiz*, Köln, 1971, S. 267.
47) 田口　晃「スイス」，田中　浩編『現代世界と福祉国家』東京，1997 年。田口晃「スイスの年金制度──第 10 次改正を中心に──」『海外社会保障研究』第 126 号，1999 年。
48) A. Vatter, *Föderalismusreform*, Zürich, 2006, SS. 36-37.
49) SZPW 9-1 (2003) には失業対策，アルコール依存対策，医療保険の 3 分野について，連邦補助金がカントンによって異なる使われ方をしている 3 つの実証研究が掲載されている。
50) A. Vatter, *op. cit.*, S. 35.
51) A. Vatter, Föderalismus, in U. Klöti et al., *Handbuch der Schweizer Politik*, Zürich, 2006, SS. 94-95. 10 年程前の話だが，予算を州民大会で決める小州で，州立病院への最新医療機器の導入を否決したケースを新聞で読んで驚いた。例えば，チュー

リッヒの病院を利用すればよい，という判断なのであろうが，確かに州の健全財政は保たれよう。
52) G. -R. Plattner, *op. cit.*, SS. 98-99 では車の通らぬ山間の道路建設を州の担当者が自嘲気味に語っている。
53) Konferenz der kantonalen Finanzdirektoren, *Modell für eine Neuverteilung der Aufgaben zwischen Bund und Kantonen*, Bern, 1978, SS. 45, 65-99.
54) D. Freiburghaus/F. Büchli, *op. cit.*, SS. 44-48.
55) NFA Faktenblatt 3.
56) *Ibid.*
57) S. Wälti, *op. cit.*, SS. 97-98.
58) Dieter Freiburghaus, Bedigungen für eine gelingenden Föderalismusreform: Die Neugestaltung des Finanzausgleichs und der Aufgabenteilung zwischen Bund und Kantonen in der Schweiz, in *Europäische Länderberichte*, 2005, SS. 507-508.
59) 附言しておけば，スイスの2院制では両院が対等で，どちらも先議権は持たない。今回の財政調整は全州議会から先に審議したということである。
60) S. Wälti, *op. cit.*, SS. 99-101.
61) D, Freiburgshaus, Neuer Finanzausgleich und Föderalismusreform in der Schweiz, in *Jahrbuch des Föderalismus*, 2002, SS. 378-379.
62) 投票率は36%。投票者中，賛成64.4%，反対35.6%，また州別では賛成が23州，反対がツークを含む3州，という結果になっている。(NZZ, 2004.11.29)
63) 政府原案に「補完性原理」という言葉が出現し，これにリノウ (Rhinow) が，こういう曖昧な概念は使わないと憲法改正の際に決めたはずだと，噛み付いている。(R. Rhinow, *op. cit.*, SS. 75-76.)
64) R. Frey, *op. cit.*, SS. 32-37.
65) D. Freiburghaus, Bedingungen für eine gelingenden Föderalismusreform: Die Neugestaltung des Finanzausgleichs und der Aufgabenteilung zwichen Bund und Kantonen in der Schweiz, in *Europäische Länderberichte*, 2005, SS. 506-507.
66) A. Vatter, *op. cit.*, SS. 22-23.

第6章　スウェーデンにおける地域レベルの統治組織の改革

穴　見　　　明

はじめに

　スウェーデンの統治機構は，国-ランスティング-コミューンという3層によって構成されている。このうち，コミューンが基礎的な自治体であり，ランスティングはいくつかのコミューンを地理的空間的に包括する地方自治体である。つまり，地域レベル[1)]における自治体としてランスティングが置かれている。ランスティングの所管する事務は，保健医療サービスの提供が主たるもので，各ランスティングの支出の大半はそれに費やされている。他方，国の地方行政区の基本的な単位は，レーンと呼ばれ，90年代半ばまでは全国が24のレーンに分けられていたが，現在はその数は21になっている。(図6-1を参照) 各レーンには国の行政機関であるレーン庁 (länsstyrelse) が置かれている。地域レベルにおける国の行政機関としては，レーン庁のほかに，多くの種類の地方行政機関が存在する。後者のなかには，レーンを地理的な管轄範囲として設置されているものと，レーンとは一致しない地理的範囲を管轄するものとの両方が含まれている。地方自治体であるランスティングはそれぞれ各レーンをその地理的範囲としている。(ただし，ゴットランド・レーンにはランスティングは存在しない) したがって，

図 6-1 レーンの区分

レーンの名称
① ストックホルム
② ウプサラ
③ セーデルマンランド
④ エステルイェートランド
⑤ イェンシェピン
⑥ クロノベリ
⑦ カルマール
⑧ ゴットランド
⑨ ブレーキンゲ
⑩ スコーネ
⑪ ハランド
⑫ 西イェータランド
⑬ ヴェルムランド
⑭ エレブロ
⑮ ヴェストマンランド
⑯ ダーラナ
⑰ イェヴレボリ
⑱ ヴェステルノルランド
⑲ イェムトランド
⑳ ヴェステルボッテン
㉑ ノルボッテン

地域レベルの行政機構として，国のレーン庁，その他のいくつかの国の地方行政機関，地方自治体としてのランスティングが並立する構造になっている。

以上のような現行の地域レベルの統治機構の改革を求める提案が，政府の調査審議会「統治機構の組織および事務配分に関する委員会」[2]の最終答申においてなされた。その答申は 2007 年 2 月に提出されたが，そこに含まれる提案はかなり実現可能性の高い政治的アジェンダとなっていると思われる。提案の核となっているのは，次の点である。(1) 現在のランスティングの数は 20 あるが，それを 6 から 9 ぐらいの数に減らすとともに，「ランス

ティング」を「地域コミューン」に改称する。(2) 新たな地域コミューンに，現行のランスティングの主たる任務である保健医療サービスの提供に加え，現行では原則としてレーン庁の管轄に属する，地域開発に関する責任を委ねる。(3) レーンの地理的領域を新たな地域コミューンの領域と一致させる。(4) 地域レベルにおける国の政策諸領域間の調整にかかわるレーン庁の機能を強化する。(5) 地域レベルの国の行政機関の地理的管轄範囲を原則として新たなレーンの領域と一致させる。

　このような提案が，現行の地域レベルの統治組織のあり方をかなり大きく変える意味を持つことは明らかであろう。地域レベルの地方自治体の数をドラスティックに減らすことだけでも大きな改革であるが，それにとどまらず，その改革の対象は，地域レベルの地方自治体の機能強化，国と地方自治体の関係，および地域レベルの地方自治体と基礎的レベルの地方自治体との関係にも及んでいる。本稿では，この提案に至る，近年のスウェーデンにおける地域レベルの統治組織改革の動きが，地域レベルの空間に与えられる経済的意味の変化と密接に関連していることを示す。その半面として，その改革において，国の事務の地域レベルの地方自治体への移譲の理由づけに，「補完性原理」がほとんど用いられていないことが明らかにされるであろう。

　以下では，まず，地域レベルの統治機構改革の動きを時系列に沿って叙述する。(第1節) そのうえで，「事務配分に関する委員会」の答申の内容を整理する。そこでは，地域開発に関する責任を地域レベルの地方自治体に付与することが，改革提案の重要な核になっていることが述べられる。(第2節) そのことが持つ意味を明らかにするために，次に，1980年代以降のスウェーデンにおける地域政策の転換の意味について述べる。(第3節) 最後に，改革動向についての検討のまとめを行う。

第1節　戦後スウェーデンにおける地域レベルの統治機構改革の展開[3]

　先に述べたように，スウェーデンでは国の行政機関として各レーンにレーン庁が置かれている。かつては，レーン庁に地域レベルにおける国の機能が集中されていた。しかし，次第にレーン庁以外にもいくつかの種類の国の機関が，地域レベルに設置されるようになった。しかし，レーン庁と並んでそれらの一連の行政機関が地域レベルに存在するという組織構造は，比較的早い時期から問題視されていた。それは，縦割り行政をもたらしやすいものであり，総合的な計画化あるいは異なる行政分野間の調整を妨げるというのが，そのさいの1つの基本的関心事であった。そのような関心に基づく部分的な改革の試みも，戦後比較的早い時期から進められた。たとえば，1948年の「レーン庁審議会」は，レーンに置かれた国の行政機関をレーン庁に統合することを勧告した。これは実現しなかったが，その後，レーン庁とレーンに置かれた国の行政委員会とのあいだの協議や，レーン内の異なった行政機関のあいだの調整の仕組みがつくられた。

　1960年代の後半に，地域レベルの統治組織の改革にかかわる重要な動きが起きた。「レーン行政調査審議会」(Länsförvaltningsutredningen) と名づけられた国の審議会が，レーン庁にレーン内の総合計画に関する指導的役割および地域レベルの国家行政機関に対する調整機能を与えるべきであるという勧告を，1967年に提出した。他方，翌68年には，「レーン民主主義調査審議会」(Länsdemokratiutredningen) という名の審議会が，それとは大きく異なる勧告を提出した。その勧告では，レーン内の行政の総合計画および地域開発に対する責任ならびに地域レベルの国の行政委員会の任務を，地域レベルの地方自治体，即ちランスティングに移すべきであると主張されていたのである。その理由としてあげられていたのは，レーンにおける主要行政諸分

野の任務を地方自治体に与えることを通じて，地域レベルの民主主義を強化しつつ，あわせて行政の効率性の増大をはかるということであった。当時の社会民主党内閣は，それらの審議会の答申を受けて，レーン行政の改革に関する提案（Prop. 1970: 103）を国会に提出した。その提案は，レーン民主主義調査審議会のではなく，レーン行政調査審議会の勧告を，しかも部分的にのみ，反映する内容のものであった。国会の審議においては与野党間の意見が対立したが，結局国会はこの提案を承認し，1971年に改革が実施された。この改革により，レーン庁はレーンにおける国の行政計画の指導および調整を主要任務とすることとされた。それに伴い，地域レベルの国の行政機関によって処理されてきた計画事項のうち，地域政策上重要性の高い事項についての決定権がそれらの行政機関から，レーン庁に移管された。

以上のような1960年代後半の動きの中には，それ以前から存在し，またその後も存在してきた，地域レベルの統治組織のあり方をめぐる基本的な対立図式が見いだせる。少なくとも2つの対抗軸が存在してきた。一つは，レーン行政の主要任務，とりわけ地域における計画に関わる任務を，国の行政機関と地方自治体（ランスティング）のどちらに委ねるかという点をめぐる対立である。もう一つは，各政策領域の自律性を志向する立場とレーン行政における総合調整を重視する立場との対立である。

当時の内閣による決定は，前者の対抗軸に関しては，明らかに中央集権的立場に立っていた。それは，全国的な視野から公平な資源配分を行うために，中央からの強力な指導が必要である，という理由に基づいていた。それに対し，中央党，国民自由党および共産党は，レーン民主主義調査審議会の提案を支持する立場から，政府の提案に反対した。ランスティングの事務は保健医療サービスの提供に特化していたが，それらの政党の主張では，そのことは，地域レベルにおける保健医療サービス以外の広範な行政分野が，市民による民主主義的統制の外に置かれていることを意味していた。したがっ

て，レーンを単位として処理される全ての行政分野に対する権限をランスティングに移すことによって，地域レベルの民主主義を強化することこそが必要だとされたのである。

　後者の対抗軸，即ち各政策領域の自律性を志向する立場とレーン行政における総合調整を重視する立場との対立においては，当時の内閣はいわば妥協的な立場をとったと見ることができよう。上で述べたように，内閣はたしかに，レーン庁にレーン内の行政計画の総合調整の任務を割り当て，行政計画に関する一定の決定権をその他のレーン行政機関からレーン庁に移管することを内容とする改革を提案した。しかしその一方で，その任務を強力に担保する手段になりうる，レーン行政機関のレーン庁への統合という方策は見送られている。さらに，内閣の提案説明の中では，レーン庁に決定権が移管された計画事項について，それぞれのレーン行政委員会に対応する中央行政庁（例えば，レーン労働市場委員会であれば労働市場庁）が，それまでレーン行政委員会に対して行使していたその指揮・監督権を，レーン庁に対して行使しうるようにすることが述べられていた。このように，内閣の提案は，レーン行政における総合調整機能の強化を志向しながらも，他方で，それぞれの行政分野の自律性を確保したい中央行政庁に対する配慮によって，その志向に一定の歯止めをかけるものであったと言えよう。

　次の大きな改革の動きは1980年代の末に起こった。1989年に，レーン庁の改革に関する提案が内閣から国会に提出された。それは，レーン道路委員会，レーン学校委員会，農業委員会，レーン住宅委員会（いずれも地域レベルの国の行政機関）の権限の一部，ならびにレーンに関連する漁業問題についての管轄を，レーン庁に移管することを提案するものであった。また，その提案には，レーン庁の運輸通信，森林保護，交通安全対策に関する権限を，それまでよりもいっそう拡大することも含まれていた。その提案は，したがって，レーン庁の総合調整機能のいっそうの強化をはかるものであった

と言えよう。国会での審議においては，政府提案に対して，中央党と環境党が，全面的に反対にまわり，対案として，レーンにおける民主主義強化にむけての提案を作成することを任務とする，審議会の設置を求めた。左翼党はこのレーン民主主義路線を支持したが，穏健党はそれに反対した。国会は政府提案を基本的に承認し，1991年下半期から新たなレーン庁の組織体制が施行されることになった。

ところが，地域レベルの統治組織の改革は，それで一段落したというわけではなかった。1991年の秋に政権交代が起こったが，この政権交代をまたいで，旧政権から新政権にひきつがれるかたちで，改革の動きが続いた。80年代末の改革では，地域レベルに置かれた，国の行政諸機関の間の総合調整の強化が目指されたが，今度は，地域レベルの地方自治体の機能強化がアジェンダとなった。

新政権のもとで1992年に設置された「リージョン審議会」(Regionberedningen) は，その最終答申『リージョンの未来』(SOU 1995: 27) のなかで，地域レベルの地方自治の強化を主張し，地域開発に関する責任をレーン庁からランスティングに移すことを提案した。この提案をもとにして，1996年から97年にかけて，内閣は国会に対し，地域レベルにおける国の機関と地方自治体のあいだの事務再配分の実験事業にかかわる一連の提案を行い，それらは基本的に国会によって承認された。その結果，(1) 1997年1月1日をもって，南部の2つのレーンが統合され1つになり，スコーネ・レーン (Skåne län) となった。また98年1月1日をもって，西部地方の3つのレーンが統合され1つのレーンとなった。(西イェータランド・レーン Västra Götaland län)[4] (2) このレーンの統合に対応するかたちで，ランスティングの合併が行われた。(3) カルマール，ゴットランド，スコーネ，西イェータランドの4つのレーンで国の機関と地方自治体のあいだの事務再配分をめぐる実験事業が開始されることになった。実験期間はレーンごとに

違っていたが，いずれもさしあたりの実験終了期限は2002年いっぱいとされた。この実験事業における事務の再配分は，「地域開発に関する責任」[5]を，レーン庁から各レーンの「リージョンの地方自治体」に，試験的に移すことを柱とするものであった。

なお，事務再配分の受け皿となる「リージョンの地方自治体」は，レーンごとに異なっていた。カルマール・レーンでは，ランスティングとレーン内のコミューンによって構成される自治体連合組織（リージョン連合）が，受け皿となる「リージョンの地方自治体」とされた。ゴットランド・レーンは，唯一ランスティングの存在しないレーンであるが，そこでは唯一のコミューンであるゴットランド・コミューンが受け皿となった。以上の2つのレーンでは，1997年6月1日より実験が開始された。スコーネ・レーンでは，1997年6月1日から1998年12月31日までの18カ月間は，カルマール・レーンと同じようにリージョン連合がつくられ，それが受け皿となって実験事業が行われた。1999年1月1日からは，合併によって新たに成立したスコーネのランスティングが，それまでのリージョン連合に代わって実験事業の受け皿となる「リージョンの地方自治体」とされた。西イェータランド・レーンでは，1999年1月1日から，西イェータランド・レーンのランスティングを受け皿として実験事業が始められた。

1997年5月29日に，内閣はこの実験事業についての政策評価のための審議会を設置する決定を行った。同審議会の任務のなかには，その評価に基づいて国と地方自治体の間の責任配分についての提案を行うことも含まれていた。同審議会は後にPARKという略称を与えられることになった。PARKの最終報告（SOU 2000: 85）は，2000年10月に提出された。そこでは，実験事業における責任分担の配分を恒常的な制度変更に転換すべきだという結論であれ，逆にそれを採用すべきでないという結論であれ，なんらかの結論を出すのに十分なほどの知見を，その時点までに得ることはできなかったと

いう判断が示された。そして，それを理由として，同審議会は，実験事業の期間を 2006 年いっぱいまで延長することを勧告した。それに加え，最終報告においては，より多くのレーンに実験事業を適用することが提案されていた。さらにまた，最終報告は，実験対象のレーンにおいて，地域の産業政策，文化政策，インフラストラクチャー計画などに関して，より全面的な責任をリージョンの地方自治体に与えることを求めていた。

内閣（社会民主党政権）は，以上のような PARK の最終報告を受けて，2001 年 9 月 27 日に国会に対して，「リージョンにおける協働と国のレーン行政」と題する提案（Proposition 2001/02: 7）を提出した。その提案の基軸は，上記の実験事業を 2002 年いっぱいで終了し，その代りに，レーン内のコミューンとランスティングが地方自治体の「協働機関」と称される組織をつくることを，全国の全てのレーンにおいて可能にするというものであった。そして，その地方自治体の「協働機関」に，地域開発計画の作成と実施にかかわる任務をゆだねるというのが，新たな提案の基本的な内容であった。

この政府提案をめぐる国会の審議においては，中央党，国民党，キリスト教民主党，環境党，左翼党が，実験事業を延長すべきであり，かつ，より多くのレーンにその対象を広げるべきであるという意見を公式に表明した。他方，穏健党は「協働機関」に関する提案を基本的に支持するとともに，スコーネ・レーンに限って実験事業を継続すべきだと主張した。この提案について国会は，2002 年 1 月に決定を下した。その決定は，だいたいにおいて政府提案を承認するものであったが，スコーネ・レーンと西イェータランド・レーンに限っては，実験を 2006 年いっぱいまで継続するものとされた。その後 2004 年 10 月に，実験期間をさらに 2010 年まで延長することが決定された。

このときに成立した「レーンにおける協働機関に関する法律」（SFS 2002:

34)では,「協働機関」(samverkansorgan)の組織および任務が以下のように規定された。まず,「協働機関」とは,1つのレーン内における合議的決定機関であって,当該レーンにおける地域開発に関わる事項について,この法律の定める特定の任務をゆだねられる機関を指すものとされた。協働機関になることができるのは,当該レーン内の全てのコミューンを構成員とする地方自治体連合[6]とされた[7]。当該レーンのランスティングの参加は義務的ではないが,可能であるとされている。この条件を満たした地方自治体連合が,協働機関になることを決定して内閣に届け出ることによって,協働機関は設立される。

　こうして,2002年1月の国会の決定により,「協働機関」として設立される地方自治体連合に地域開発に関する一定の権限を与える,という新たな制度的枠組みが導入されたのであった。しかし,この決定は,地方自治体や野党(とくに中央党)の側からは,地域レベルへの分権化の動きを妨げるものと受け止められた。したがって,この時点では,実験事業が部分的に継続されることになったとはいえ,ランスティングの機能強化への動きは頓挫したかに見えていた。ところが,その動きはそこで止まったわけではなかった。2003年2月に政府は調査審議会「事務配分に関する委員会」を設置し,統治機構のあり方を検討し,必要に応じてその改革を提案するという任務を与えた[8]。そこで検討すべきとされた中心的な事項の1つは,国,ランスティング,コミューンのあいだの組織的関係および事務配分であった[9]。また,調査審議会に対する指令書の中では,その検討にあたって,先に述べた,地域開発に関する責任を「リージョンの地方自治体」に与える実験事業の成果を参照すべきことが明示的に指示されていた。指令書では,ランスティングの機能強化という方向性そのものは示されていなかったが,それを有力な選択肢の1つとして検討を進めることが示唆されていたことになる。そして,本稿の冒頭で述べたように,同委員会の最終答申においては,実際に,地域

レベルの地方自治体の機能強化を含む改革方策が提案されたのである。その改革方策の内容上の概略はこの章の「はじめに」で示したとおりであるが，その理由づけについて同委員会がどのような議論を展開しているか，節をあらためて見ていくことにしよう。

第2節　「事務配分に関する委員会」答申

「事務配分に関する委員会」の作業は，指令書によって，2つの段階に分けて進められることとされていた。第1段階では，委員会の作業は，統治機構の組織および事務配分の現状を把握すること，そして，それらの変更を要請することになるかもしれない，社会的環境の変化について分析することに向けられるべきこととされた。この第1段階の調査審議の結果は，2003年12月に同委員会の中間答申（SOU　2003: 123）として提出された。この中間答申は，国の行政諸機関，地方自治体，その他の関連の深い諸団体に，意見を求めるために送付された。（いわゆるレミス手続き）[10] 第2段階の作業は，それらの組織・団体から寄せられる意見を踏まえて進められることになっていた。同時に，同委員会に対しては，所管の財務省より追加指令書[11]が出され，第2段階の作業の課題がより具体的に指示された。それは，統治機構の組織および事務配分に関して必要とされる改革方策を提案することを，同委員会に求めるものであった。そのさい，地方自治体レベルに配分されるべき事務に関しては，その検討作業を，経済および福祉にとって特に重要な意味を持つと判断される分野に集中すべきことが指示されていた。しかも，そのような分野として，具体的に保健医療サービスおよび地域開発の分野が指定されていた。この第2段階における検討作業は，同委員会の最終答申「発展力を伴う持続可能な統治機構」[12]（SOU　2007: 10）に結実した。先に触れた

ように，同答申は 07 年 2 月に提出された。以下では，主としてこの最終答申によりながら，改革方策の理由づけを整理する。なお，最終答申に示された改革方策は多岐にわたるが，本稿では，地域レベルの統治機構の空間的編成および地域レベルの地方自治体の機能強化に直接関わる部分に限定して見ていくこととする[13]。

「事務配分に関する委員会」の最終答申における最も中心的な提案の 1 つは，レーンの統合によって，現行の 21 のレーンの数を 6 ないし 9 に減らすことである。それは，同時に，現行の平均的な人口規模をもつレーンと比べて，各レーンの人口規模を大幅に増やすこと，および各レーンの人口規模をより平準化することを意味する。このようなレーン統合の必要性は，概括的に言えば，3 つの観点から理由づけられている。その 3 つの観点は，それぞれ，保健医療行政，地域開発政策，そして地域レベルでの国の諸活動の調整に関わっている。

まず，保健医療行政との関連で主張されているのは，保健医療サービスの「提供責任主体」(huvudman) を現行どおり地域レベルの地方自治体とするという仕組みを変更することなく，その資源的基盤をより強固にすることの必要性である。その主張には，大きく分けて 2 つの判断が含まれている。第 1 に，保健医療サービスの提供責任主体を国のレベルないしはコミューンのレベルに移すことの是非についてであるが，委員会はそのような管轄権の移転の必要性を認めていない。したがって，これまでどおり地域レベルの地方自治体が保健医療サービスの提供責任主体となることが提案の前提とされる。第 2 に，そのうえで，地域レベルの地方自治体の人口規模を，現行の普通規模のランスティングのそれと比べ，大幅に拡大することが必要だと判断されている。その理由は 3 つに分けられる。最も中心的な理由は，保健医療分野において急速に発展しつつある新たな知識および技術を効果的に利用するには，財政面と人材面において，現行の普通規模のランスティングの資源

は少なすぎるということである。第2の理由として，居住地の如何にかかわらず，誰に対しても同等の保健医療サービスを保障することについての国の責任があげられる。この論点は，保健医療サービス行政に対する統御手法に関わっている。右のような責任を果たすために，内閣が用いるべき統御手法として，この答申では「知識による統御」(kunskapsstyrning) が重視されている。それは，最先端の専門的な科学的知見および各現場での経験によってもたらされた知見を，地域レベルでの行政の担い手に普及することを通じて，後者の活動を統御するという方法を意味する。この知識による統御を効果的なものにするためには，委員会の見解によれば，地域レベルに受け皿となる専門家組織を設ける必要がある。そして，そのような人材を十分に確保するためには，現行の普通規模のランスティングでは小さすぎるというのである。さらに，第3の理由として，地域レベルの地方自治体をより大きな規模のものにすることによって，組織編制上の柔軟性が与えられるということがあげられている。なお，以上の3つの理由のうち第1と第3の点に関わって，スコーネおよび西イェータランドにおける実験で良好な結果がもたらされたということが，提案の補強材料として用いられている。

　次に，地域開発に関する責任を地域レベルの地方自治体に委ねるべきであるということが，その規模の大幅な拡大という提案の，もう1つの理由となっている。ここにも大きく分けて2つの主張が含まれている。第1に，地域レベルの地方自治体に，地域開発に関する責任を委ねるべきであるとされる。これまでは，その任務は，国の行政機関であるレーン庁の管轄事項とされてきた。しかし，第1節で見てきたように，それでいいのかどうかということは，地域レベルの統治組織のあり方をめぐる1つの基本的な対立軸をなしてきた。また，90年代末以降の実験事業では，スコーネおよび西イェータランドのランスティングに試行的に地域開発の責任が委ねられたが，2002年1月の国会の決定は，その試行策の正規化と一般化をさしあたり否定する

ものであった。それらの背景に照らしただけでも，地域開発に関する責任を地域レベルの地方自治体に委ねるべきであるという主張が，重要な意味をもつことがわかる。そこで，やや立ち入って，その主張がどのように理由づけられているかを確かめておこう。

　まず，歴史的な前提として，経済成長政策および福祉政策の両面において，地域レベルの空間単位のもつ意味が変化し，より重要な機能的要請がそのレベルに置かれるようになってきたことがあげられる。最終答申に示されている委員会の見解によれば，その結果，地域レベルの統治組織のあり方について，次のような問題が明らかになってきた。即ち，「地域開発政策」とは，各地域で持続可能な経済成長および福祉のための前提条件を確保するための政策を意味するが，そのために必要な活動は，多数の行政機関およびその他の団体のあいだで，分散して担われている。そのために，

> 「全体を見渡す観点および［そのような全体的観点からの諸活動の］統合の欠如，ならびに責任領域の重複と，場合によっては，それらのあいだの直接の競合［が存在する］。それらの結果として，発展力および有効性の不足がもたらされている。［つまり，］そのような活動の断片化は，総体としての開発事業活動に対する全体的な見通しと政治的な統御とを難しくしており，また，それに伴い民主主義の赤字をももたらしている」[14]

とされる。つまり，地域開発政策は多くの政策領域にまたがる取り組みを必要とするが，それらの政策領域における諸活動のあいだの全体的な調整がまったく不足しているため，十分な効果をもたらすことが妨げられているというのが，現状の問題点として指摘されているのである。しかし，そのような診断から出てくる可能性のある処方箋は，必ずしも，地域開発政策に関す

第6章　スウェーデンにおける地域レベルの統治組織の改革　155

る地域レベルの自治体の権限・機能の拡充ということに限られない。実際，第1節で述べたように，これまでは，そのような問題に対して，レーン庁の権限を強化する方向での対応が図られてきたのである。したがって，地域レベルの自治体に地域開発に対する責任を委ねるべきであるという，「権限配分に関する委員会」の主張は，そのような診断に加えて，もう1つの別の考慮によって支えられている。それは，地域開発活動にかかわる任務の政治的性格についての認識である。

　最終答申における説明では，国と地方の両者を含めた政府部門が，地域開発との関連で遂行すべき任務が2種類に分けられている。一方は，「地域的な視野から，持続可能な一体的戦略に則って，開発のための様々な活動のあいだの優先順位をつけ，調整を行い，またそれらの活動を遂行する」任務として定式化される。他方の任務は，「監督，許認可およびその他の法律の適用」，ならびに，内閣が特に重視する事項への国の取り組みを調整するための基礎となる「フォローアップ，評価，分野横断的な知識の構築」を行うことである。そして，委員会の見解によれば，前者の任務は「その性格において政治的なものであり，地域におけるリーダーシップと結びついている」ので，それを地域レベルの地方自治体に委ねるべきであるとされる。他方，法的安全性という理由から，後者の任務は国の機関に委ねられるのが望ましいとされる。つまり，地域レベルの自治体に地域開発に対する責任が委ねられるべきであるとする理由は，地域開発のための積極的な政策手段の動員と調整が，地域における政治的リーダーシップを必要とする性格の仕事であるということから説明されているのである[15]。なお，この点でも，スコーネおよび西イェータランドにおける実験で良好な結果がもたらされたということが，補強材料として用いられている。

　こうして「事務配分に関する委員会」は，地域開発に関する責任を地域レベルの地方自治体に委ねるべきであるとする。そして，この地域開発に関す

る責任との関連においても，地域レベルの地方自治体の規模を大幅に拡大すべきことを主張している。その基本的理由は，「強力かつ欠けるところのない（kraftfull och heltäckande）開発のための手段のセット」[16]を揃えることができるだけの，十分に大きな地理的な領域が必要であるということに置かれている。そのさい，「開発のための手段」の例として言及されているのは，十分に大きな労働市場地域，確固とした研究資源をもつ大学，地域の公共交通網である。また，2007年から2013年までを期間とするEUの構造基金プログラムの受入れのために，スウェーデンが8つの地域に区分されていることも，地域という空間単位の地理的領域を広げる必要があることの理由として考慮されている。そして，地域開発との関連でどの程度の大きさの地域が望ましいかという点に関しては，50万人以上の人口という基準が示されている。

　「事務配分に関する委員会」の最終答申では，レーンの統合の必要性は，以上のように保健医療行政および地域開発政策との関連において理由づけられているほかに，さらに地域レベルでの国の行政機関の諸活動の調整とも関連づけられている。そのさい必要であるとされるのは，レーンの規模の拡大ではなく，レーンの数を大幅に減らすことである。それは，地域レベルでの国の行政機関の諸活動の調整のためには，内閣が国の諸事業の内容と成果を，地域ごとにまとまった形で把握することができなくてはならないという理由による。つまり，現行の21というレーンの数は，それぞれのレーンごとに個別に政策の評価を行うには多すぎるというのである[17]。また，地域レベルでの国の行政機関の諸活動の調整という同じ理由で，地域レベルにおかれる国の行政機関の地理的な管轄範囲をレーンの区分に一致させることが要請されている[18]。

　以上，「事務配分に関する委員会」最終答申において，地域レベルの統治機構の地理的単位としてのレーンの統合の必要性が，保健医療行政，地域開

発政策，そして地域レベルでの国の諸活動の調整の3つの観点から，どのように説明されているかを見てきた。同時に，地域開発の任務に関して，その管轄を地域レベルの地方自治体に移すべきであるという提言が，どのように理由づけられているかについても見てきたところである。

さて，ここで生じうる疑問は，レーンの統合の必要性に関するそれらの3つの観点のあいだの関係である。いずれの観点からしても，レーンの統合ないし地域レベルの地方自治体の大規模化が必要であるという，相互に対立しない結論とはなっている。しかし，それはそれぞれの観点からの独立した検討の結果がたまたま一致したというだけのことなのであろうか？　そうではなく，3つの観点のうちの地域開発に関わるそれが，いわば主導的な位置に置かれており，それに適合させるかたちで，残りの2つの観点からの説明が組み立てられているというのが筆者の当面の仮説である。そのような判断は，1980年代以降における地域開発政策の展開についての観察に基づいている。そこで，次節において，1980年代以降のスウェーデンにおける地域政策の転換について巨視的に整理しておきたい。

第3節　地域政策の変化

1．基点＝1960年代[19]

通説的な理解にしたがえば，1964年の企業立地政策に関する国会の決定が，独自の政策分野としての地域政策の出発点をなす。この出発点において，地域政策の基本的目標は，経済活動が過熱している地域から経済活動が停滞ないし衰退しつつある地域へ，企業を地理的空間的に移動させることに向けられていた。

もっとも，それ以前にそのような意味をもつ政策がまったくとられていな

かったわけではなかった。1940年代および50年代にも，企業立地についての国の政策的関与は存在していた。とはいえ，その政策手段は狭く限定されたものであった。それは，この時期の政策は，立地に関する企業の経営判断の自由を尊重することを基調としていたためであった。エランデルの指摘によれば，この時期の国の政策は，工場や事務所の立地選択を企業の判断に任すことが国民経済的な観点からの効率性をもたらすと捉え，そのような意味での経済的効率性を理由として，企業の立地選択に対し，実質的な効力をもつ政策手段を用いて介入することを否定するものであった。

　しかし，そのように1940年代および50年代に実効的な地域政策が採用されていなかったことは，その時期に地域政策的対応が必要と考えられる問題がなかったことを意味するわけではない。戦後の復興期に開始された経済成長には，人口の大規模な地理的移動が伴っていた。おおまかに言えば，ノルランド地方およびイェータランド地方東部において大きな人口減少が起こり，ストックホルムを含むメーラレン湖一帯の地域では人口が急速に増大した。このような人口動態は就業機会の地域的偏りという現象と密接に関連していた。こうした地域的不均衡の拡大を背景として，50年代には国会で，中央党および社会民主党の議員から，産業の地域的配置に対するより強力な政策的介入を求める動議があいついで提出されていた。このように，既に50年代から問題は提起されていたが，60年代になるとノルランド地方の諸地域の衰退傾向はより大きな問題になってきた。それらの地域における人口と働き口の減少は，教育や医療などの公的に提供される基本的社会サービスのための財政的基盤を掘り崩すことを意味した。人口流出を上回る就業機会の減少によってもたらされた労働力の余剰は，労働者の賃金水準が全国水準から相対的に遅れをとることにつながった。さらに，北部地方から経済成長地域へ移った労働者のなかに，新たな生活環境への適応に困難を感じる者が少なくなかった。1964年の企業立地政策に関する国会の決定の背後にあった

基本的動機は，このような，雇用，所得，基本的社会サービスといった点での地域的な不均衡の拡大に対する対応の必要であったとみることができる。

他方で，ここで導入された企業立地政策は，国民経済的な効率性のための必要性と結びつけられていた。スウェーデンにおける戦後の労働市場政策は，よく知られているように，生産性の低い業種および企業から生産性の高い業種および企業への労働力の移動を支援ないし促進することを目的として実施されてきた。この労働力の移動は，既に触れたように，労働力の地理的移動を伴うものであった。しかし，特定の地域における就業不足問題は残り続けた。労働市場政策的観点から労働者の地理的移動を促進するいくつかの政策手段がとられたにもかかわらず，働き口のない地域から求人のある成長地域へ移ることを選択しない人々が存在していたのである。それは，国民経済的な観点から見ての非効率を意味する。一方には，企業活動が増大し労働力の需要が拡大する地域があり，それらの地域では労働力が不足し，賃金の高騰を招くおそれが存在している。他方には，ノルランド地方などの，労働力に余剰があり，土地などの物理的なインフラストラクチャーにも余裕がある地域があり，そこではそれらの生産資源が十分に利用されないままでいる。企業立地政策の導入は，このような国民経済的な観点から見ての非効率への対応として正当化されたのである。即ち，経済活動が過熱している地域から，労働力や土地などの生産資源が十分に活用されていない地域への，工場立地の移動を促進することによって，過熱地域におけるインフレの発生を防ぐとともに，停滞地域において十分に利用されないままでいる生産資源の利用をはかることによって，国民経済全体の効率性を高めることができるというのであった。

そして，経済活動が過熱している地域から停滞ないし衰退傾向にある地域への，企業立地の移動を促進するという政策目標を達成するために用いられたのは，主として，特定の地域に立地する個々の企業に対する経済的な便益

の提供と,国有企業の拡大という手段であった。そして,そのような企業立地政策は,当初は時限的なものとされていたが,結局はその後,恒常的な地域政策として定着していくことになった。

2. 転　換[20]

　以上のようにスウェーデンにおいては,1960年代に独自の政策領域としての地域政策が確立したと見ることができるが,遅くとも1980年代以降,その転換がはじまった。その背景には,1971年のドル危機および1973年の石油危機に続く世界的な経済危機のなかで,それまでの経済成長のあり方がゆきづまりを見せたことがあったと考えられる。1970年代後半の世界的な経済危機のなかで,スウェーデンでは,とりわけ造船業,鉱業,製鉄業,パルプおよび製紙産業といった業種が危機に見舞われた。そのため,ノルランド地方だけでなく,全国各地において雇用に対する需要を維持するための政策的対応がとられた。そこでは,地域政策上の補助金は,競争力を失いつつある企業を保護するために使われるという性格を強めた。もともと,60年代に導入された地域政策による,企業立地の地理的空間的配分に対する政策的介入は2つの側面,即ち,国民経済的効率性の促進のための手段という側面と,地域的な所得や社会サービスの不均衡の是正という側面を含んでいた。後者は,所得の地理的再分配ないしは経済的に衰退傾向にある地域に対する補償措置という意味をもっていた。しかし,これらの2つの側面は,雇用機会の不足している地域に,生産性の高い企業の立地がなされるならば,対立しないと考えられた。ところが,補助金が競争力を失いつつある企業を保護するために使われるようになるに伴い,それは国民経済全体の活力を損なう要素として批判の対象になっていく。こうしたことが,地域政策の転換の背景として存在していたと考えられる。

　1980年代以降における地域政策の転換には,以下のような,相互に関連

するいくつかの側面が含まれていた。

　第1に，地域政策の目的ないし性格の変化が見られる。1960年代に確立された地域政策は，単純化して言えば，経済的に停滞ないし衰退傾向にある地域に企業立地を誘導することを目的としていた。そこでは，国内投資の拡大および雇用に対する需要の増大はいわば所与の前提とされており，地域政策は，地域的な不均衡によってそれが妨げられたり，望ましくない副次効果がもたらされたりすることに対する，政策的な対応という性格のものであった。それに対し，80年代以降の地域政策においては，しだいに，全国の各地域において，それぞれの地域の条件に即して，産業の発展と雇用の促進をはかるということが目的とされるようになった。つまり，投資の拡大と雇用の創出それ自体を，地域という空間的単位を基礎として，政策的に支援することが課題とされるようになったのであり，言ってみれば，地域政策が産業政策としての意味を強めてきたのである。このような地域政策の目的ないし性格の変化は，企業の地理的集積が産業の競争力を強化するという，経済学的な認識を知的な背景とするものであった。そのような経済学的な言説においては，しばしば，サブナショナルな地域を空間的単位として，企業活動のみならず教育や文化も含めたより広い分野の諸活動のあいだの公式および非公式のネットワークの果たす役割が重視されているが，そのような考え方が，ある時期以降の地域政策において採用されてきたのが見てとれる。

　第2に，政策手段の面での変化がある。1970年代までの地域政策では，対象地域に立地する企業に対する補助金の支出が主たる政策手段であった。これに対し，80年代以降には，労働市場政策，教育政策，交通通信政策，農業政策などの，他の多くの政策分野における取り組みとの協働が重視されるようになった。そのことによって，「事務配分に関する委員会」の答申にも見られるように，様々な政策分野における諸活動のあいだの調整の必要が強調されるようになってきたのである。

第3に，このような政策手段の変化とも密接に関連して，事業の決定と実施における分散化[21]が進行した。その一例は，「地域プロジェクト事業」制度である。これは，国家予算の中からレーン庁に与えられる一定金額の一括的支出項目で，各地域の発展のための多様なプロジェクトの財源にあてることができるものである。この制度は，1979年の国会の決定により導入されたものであるが，その予算規模は年々大きくなっていった。また，地域政策の対象地域において事業活動を行う企業に対する補助金の給付に関する，審査および決定の事務は，かつては中央の行政庁の管轄であったが，次第にレーン庁に任されるようになっていった。これも事業の決定と実施に関わる権限の分散化を意味する。

　第4に，いわゆるパブリック・プライヴェイト・パートナーシップ（PPP）へ向かう動きが検出される。地域プロジェクト事業やパケット政策と呼ばれる事業パッケージの手続き的枠組みは，対象地域内で活動する，国や地方自治体の機関および民間の企業や団体の参加する交渉ないし協議を通じて，事業の決定および実施が行われることを要求するものであった。さらに，1995年のEU加盟によって，その構造基金プログラムが導入されたが，これにはPPPの要素が伴っている。また，1998年には，「地域成長契約」制度が導入された。それは，地域における教育，研究，住宅環境，文化施設，インフラストラクチャー，その他の公共サービスを成長のための資源と捉え，それらを経済成長と雇用の拡大にむけて最も有効に活用するための枠組みとなる協定であるが，その協定は，地域レベルの国の行政機関，ランスティング，コミューン，企業，経済団体などのあいだのパートナーシップを通じて作成されるものとされた。

　以上見てきたような，1980年代以降の地域政策の変化の諸側面は，全体として，それぞれの地域を空間的な単位として，産業の発展と雇用の確保をはかっていくという方向を向いている。そこでは，それぞれの地域ごとに，

地域空間における様々なアクターの活動のあいだの相乗効果を追求するとともに，多様な分野の政策手段を組み合わせることが，ますます重視されるようになってきている。「事務配分に関する委員会」の最終答申において示された地域レベルの統治機構改革構想は，まさに，このような地域政策上の要請に応えんとするものと言えよう。

おわりに

　本稿では，スウェーデンにおける地域レベルの統治組織の改革の動向を，2007年2月に提出された「事務配分に関する委員会」の答申に照準を定めながら検討してきた。その検討を通じて明らかにしようとしてきたのは，以下のことであった。
　第1に，地域レベルの統治組織をめぐる近年の改革動向が，歴史的なパースペクティヴの中でどのような位置を占めるかということである。戦後のスウェーデンにおいては，地域レベルの統治機構のあり方をめぐって，2つの基本的争点が存在してきた。即ち，政策分野ごとの自律的な政策循環対地域における分野横断的な総合調整という対立，および，地域開発政策を国の行政庁が担うのかそれとも地方自治体が担うのかという対立である。本稿では，「事務配分に関する委員会」の改革構想が，いずれの点でも，後者の方向を指し示すものであること，そして，それが徐々に進んできた方向転換の延長上にあり，その転換を決定的に進めようとするものであることを示してきた。
　第2に，「事務配分に関する委員会」の答申に示された，地域レベルの統治機構の空間的領域の拡大および地域レベルの地方自治体の機能強化という改革提言が，地域レベルの空間に与えられる経済的意味の変化と密接に関連

していることを明らかにしようとした。第3節の叙述を通じて，不十分ではあるが，ある程度それは達成できたと思われる。

第3に，第2節において述べてきたように，「事務配分に関する委員会」の最終答申において，国から地域レベルの地方自治体への権限移譲の必要性ないし望ましさは，地域開発のための積極的な活動が地域に根ざした政治的リーダーシップを必要とする，という理由から説明されていた。言い換えれば，そこでは，国の事務の地方自治体への移譲の理由づけに，「補完性原理」はほとんど用いられていないのである。

さて，「事務配分に関する委員会」は，7つの主要政党のそれぞれから出された委員によって構成されていたが，細かい点での意見の相違は残しつつ，基本的な方向性についてはそれらの委員のあいだの合意が形成されている。また，地方自治体の全国組織（Sveriges kommuner och landsting）も委員会の提言を基本的に支持している。それらのことから考えると，同委員会の提言はかなり実現性の高いアジェンダとなっているように思われる。とは言え，例えば個々のランスティングやコミューンのレベルではその提言の実行に対する抵抗も残っている。したがって，本稿で見てきたような同委員会の提言がそのまま実現するかどうかはわからない。その実現に向けての政治過程は，各地方自治体をも巻き込むかたちで進行していくと予想されるが，それがどのような成り行きをたどるかは，今後の興味深い観察対象となろう。

1) 地域（region）という言葉はいろいろな意味で使われ，文脈によってその指示する対象が異なるが，本稿では，ナショナルなレベルと基礎的自治体のレベルとの中間にある地理的空間的単位を示す用語として，それを用いる。
2) 原語では Ansvarskommittén と呼ばれる。これを日本語に直訳すると「責任の委員会」となる。これでは何のことかわからないと思われるので，ここでは調査審議の対象事項に即して，「統治機構の組織および事務配分に関する委員会」と意訳した。ただし，それでは長すぎるので，以下では「事務配分に関する委員会」と呼ぶ。

第 6 章　スウェーデンにおける地域レベルの統治組織の改革　165

3) 本節の叙述のうち，2002 年 1 月時点に至るまでの部分は，穴見明「スウェーデンにおけるリージョナリズムの展開」『季刊行政管理研究』109，2005 年 3 月，に基づいている。その部分に関するより詳しい説明および参考文献については同論文を参照されたい。
4) このレーン統合によってできたスコーネ・レーンは，その領域内に 33 のコミューンを抱え，人口は 110 万人，西イェータランド・レーンは 49 コミューン，人口 150 万人の規模を持つことになった。スウェーデンにおける三大都市（ストックホルム，イェーテボリ，マルメ）をそれぞれ抱える 3 つのレーン（ストックホルム，西イェータランド，スコーネ）の人口を合わせると 450 万人となり，全人口 890 万人中の半数以上を占めている。逆に，残りの 18 のレーンの人口は，平均すると 1 レーンあたり 24 万人となる。（いずれも 2001 年末の統計に基づく概数）
5) 日本語で「地域開発」と言うと，大規模な公共土木事業のイメージがつきまとっているかもしれないが，ここではそのようなイメージから離れてその言葉の意味を受け取ることが必要である。それは，一般的に言えば，それぞれの地域における経済の発展，雇用の創出，福祉水準の向上など，その地域における人々の生活の豊かさを支える諸条件を全体として改善することに向けられる活動を指す。
6) 地方自治体連合（komunalförbund）は，スウェーデンの地方自治法に規定された地方自治体間の協力形態の一つである。日本における一部事務組合に近い。
7) ただし，ゴットランド・レーンにかぎっては，コミューンが一つしかないので，ゴットランド・コミューンが協働機関になる資格をもつ。
8) Dir. 2003: 10, Översyn av strukturen och uppgiftsfördelningen inom samhällsorganisationen.
9) もう一つの中心的な検討対象事項は，内閣と行政庁のあいだの関係であった。
10) 合計 342 の組織・団体・個人から意見が提出された。
11) Dir. 2003: 93, Tilläggsdirektiv till Ansvarskommittén.
12) 答申のタイトルは原語では Hållbar samhällsorganisation med utvecklingskraft で，直訳すると「発展力を伴う持続可能な社会の組織」のようになるが，「社会の組織」という言い方では何を指すのかわからないので，ここでは「発展力を伴う持続可能な統治機構」と意訳した。
13) 以下，本節における叙述は，別段のことわりがない限りは，SOU 2007: 10 *Hållbar samhällsorganisation med utveklingskraft* に基づく。
14) SOU 2007: 10, s. 180. ［　］内は筆者による補足。
15) *Ibid.*, s. 183-185.

16) *Ibid.*, s. 186.
17) *Ibid.*, s. 229-238.
18) *Ibid.*, s. 246-250.
19) この項の叙述は，I. Elander, *Det nödvändiga och det önskvärda*, Arkiv, Kristianstad, 1978, Jörgen Johansson, *Offentligt och privat i regionalpolitiken*, Lund Political Studies 69, 1991, Jonas Pontusson, *The Limits of Social Democracy: Investment Politics in Sweden*, Cornell University Press, Ithaca, 1992, SOU 1997: 13, SOU 2000: 87 に依拠している。
20) この項の叙述は，主として，穴見明「スウェーデンにおける地域政策の変容」(1), (2), 『大東法学』第15巻第1号・第2号を下敷きにしている。ただし，同論文は，1998年時点までしかカバーしていない。それ以後の時期については，2000年に出された「地域政策審議会」の答申（SOU 2000: 87）や地域政策に関する2001年の政府提案（Prop. 2001/02: 4）などの政策文書に依拠している。
21) ここでは「分散化」という用語を，一つの組織（この場合は国）内部の，中央機関から地方機関への，地理的空間的な権限の移譲という意味で使っている。この意味での分散化は，異なった統治組織のあいだの（国から地方自治体への）権限や財源の移譲にかかわる「分権化」の概念と区別される。（西尾勝『行政学の基礎概念』東京大学出版会，1990年，404頁，436-437頁）

第7章 スコットランド分権改革の経過と課題

山　崎　幹　根

は　じ　め　に

本稿は，1999年に発足したスコットランド議会（Scottish Parliament）とスコットランド行政府（Scottish Executive——2007年よりスコットランド政府 Scottish Governmentと改称）の活動を，全国政府であるイギリス政府および基礎自治体である地方政府との政府間関係に即して考察することによって，リージョナル・ガバンメントを創設することの意義と課題を明らかにすることを目的としている。90年代後半のスコットランド分権改革（devolution）の成立過程については既に先行研究によって論じられており[1]，本稿は特に，2007年までの労働党・自由民主党連立政権下のスコットランド議会と行政府の活動を中心に，その現状と課題を検討することに重点を置いている。

　スコットランドは元来，イングランドと別の国であったという歴史的経緯を背景に，現在も教育，司法，教会などの分野には他の地域と異なる独自の制度が存在し，また，多くの市民も強い地域アイデンティティをもっている。スコットランドにおいて自治権を要求する運動は19世紀から続いており，スコットランドの独自性を認めつつイングランドとは異なる政策を形

成，実施するための行政機関として，1885年にスコットランド省（Scottish Office）が設置された。こうした経緯から，スコットランドにおいては分権改革以前から「行政上の権限移譲」（administrative devolution）が行われていたと指摘される[2]。スコットランド省は，スコットランドという領域に由来する独自の政策を形成するとともに，スコットランドが他地域と比較して有している政治的・行政的利益を維持するのに大きな役割を果たしてきた。特に，スコットランド省が中央省庁であり，国務大臣を長としていたことは，中央政府段階の意思決定過程においてスコットランドの利害を表出するよう作用しており，スコットランド政治・行政の特殊性を体現していた[3]。

　こうした歴史的特徴がスコットランド分権改革を実現させた要因として働いたことは，容易に察知できよう。しかしながら，歴史的に裏付けられた地域特性を持っていることが，必然的に分権改革を招来させたわけではないことにも留意する必要がある。スコットランドに議会の設置を求める住民投票は1979年にも行われており，51％の賛成票が得られたものの，40％の絶対得票率を確保できず，分権改革が実現しなかった経緯がある。当時は，集権的なケインズ主義的福祉国家体制を維持する立場から，分権改革に批判的な勢力も強かった。その後，分権改革を求める市民運動が保守党政権の下，80年代後半より再び活発になった。89年には教会，労働組合，地方自治体などの団体が糾合してスコットランド憲政会議（Scottish Constitutional Convention）が形成され，分権改革を求める運動を先導する役割を果たした。スコットランド憲政会議の運動は既成政党にも影響を与え，労働党は政権獲得後に分権改革を実行することを公約として掲げた。その後，97年の総選挙において労働党政権が確立した後に行われた住民投票によって，スコットランド市民は課税権をもつ議会を創設することを選択した[4]。当時，分権改革に対する各政党の立場は明瞭に分かれており，保守党が一貫して反対する一方，自由民主党は労働党とともに賛成し，また，スコットランドの連合王国から

の分離独立を究極の目標とする地域主義政党であるスコットランド国民党も住民投票においては賛成の立場を明らかにした。各党はそれぞれが望ましいと考えるイギリスの統治構造を明示した上で，スコットランド分権改革に対する賛否を市民に対して表明した。

　90年代後半にスコットランドで独自の議会を設置する改革が実現した最大の要因のひとつは，「民主主義の赤字」(democratic deficit)とよばれた政治状況を打開する機運が高まったことにある。即ち，80年代から90年代後半までの保守党政権時代，スコットランド選出の国会議員は労働党をはじめとする野党議員が多数を占め，与党である保守党の議員は常に少数に止まった。スコットランド市民は国会議員を選出しているにもかかわらず，中央政府レベルでの意思決定にスコットランドの利害を反映させることが困難である状況が続いた。その一方，スコットランドの社会を大きく変える改革が次々と中央主導で進められた。1989年のサッチャー内閣による人頭税の導入はこうした政治状況を象徴しており，激しい反対運動が繰り広げられた。このようにスコットランド分権改革は，第一義的には独自の議会を創設することによって自己決定権を確立し，「民主主義の赤字」を打開しようとする政治改革であった[5]。

　ところで，補完性原理についてみれば，例えば，スコットランド憲政会議が公共サービスを提供する基礎自治体である地方政府の役割を保障するために補完性原理を提示するなど，分権改革運動全体の中では部分的な言及に止まっている。むしろスコットランド議会の設置を求めるという運動は，スコットランドにおける民主主義の活性化と関連づけられて進められてきたと見ることができる[6]。

第1節　分権改革の成果——スコットランド議会（Scottish Parliament）の活動

1999年に発足したスコットランド議会は一院制で，小選挙区と比例代表制を併用した選挙制度によって129名の議員が選出されている。また，議会によって首相（First Minister）が指名され，内閣を組織する議院内閣制を採用している。第1期，第2期ともに単独で絶対多数を確保した政党は存在せず，99年から2007年まで，労働党と自由民主党による連立内閣が形成された。2007年5月の選挙では，地域主義政党であるスコットランド国民党が第一党となったものの過半数を確保するには至らず，少数与党として政権を運営している。

デモクラシーの活性化を目指した分権改革の経緯から，新たに設置されるスコットランド議会は従来のウェストミンスター型の政治とは異なり，権力の共有，アカウンタビリティ，機会均等，公開，参加を重視した「ニュー・ポリティクス」を具体化するものとして，大きな期待が寄せられた。分権改革を進める運動を展開する中で，スコットランド憲政会議もこうした点を強調しており，実際，これらの理念は，少数政党が有利に選出される比例代表制や，立法過程により多くの参加を促し入念な精査をすること目指した委員会制度に体現されている[7]。

現時点における分権改革に対するスコットランド市民の評価を概観すれば，政策決定の場がロンドンからエジンバラにかわり，決定過程への参入，スコットランド議会やスコットランド議会議員，閣僚への関与が容易になったという，意思決定過程の変化に関しては共通して積極的な評価を得ている[8]。また，個別の立法活動を見れば，スコットランドという領域の特性に由来する独自の政策や，あるいは他の地域と比較して先進的な法律を制定してきた。その中には，キツネ狩りの禁止，高齢者ケアの無料化，大学授業料

の「廃止」，公共空間での喫煙の禁止などがあり，1999年から2003年までの第1期に62の法律が，2003年から2007年までの第2期に65の法律がスコットランド議会によって制定された。

ところが，2003年に行われた第2回目の選挙では，投票率が大幅に低下（49.4％）するとともに，最大与党の労働党と最大野党のスコットランド国民党の双方が議席を減少させ，多党化傾向を促進させた。また，2002年に行われたある世論調査によれば，スコットランド議会がいっそうの政治的影響力を持つべきであるが，依然としてイギリス政府の方が大きな力を持っていると考える市民が多数を占めている現状が，さらに，スコットランド議会に対する信頼も99年より低下している傾向が明らかにされた[9]。このようなスコットランド議会に対する市民の評価に関しては，NHS（国民医療保険サービス）や教育，犯罪など，市民生活に直結する公共政策が実感を伴って改善されていない現状を反映していると思われる。

また，「ニュー・ポリティクス」を志向したスコットランド議会政治は，比例代表制によって多党制を促し，また，2003年においてはスコットランド議会議員の女性の割合も39.5％にのぼり，多様な政治参加を実現させているものの，議会と行政府との関係はウェストミンスター・モデルと呼ばれる従来の政治スタイルを大幅に変容させるほど劇的な変化を見せていない。また，スコットランド独自の立法も全体のなかでは必ずしも多いとはいえず，分権改革による変化は漸進的なものにとどまっているとも評価される[10]。他方，スコットランド政治学における分権改革の評価として，市民の分権改革に対する期待と理解のしかたを問題にする考察もある。その中では，分権改革運動が展開されるなかで，スコットランド議会とスコットランド行政府の権限を超えた範囲で多くの政策が改善されることへの期待が過大に膨らんだ過程が指摘されたり[11]，多くの市民（団体）の政策決定過程への参加によって今までの政治を一新するという期待は非現実的ではないかとの

解釈が示されたりしている[12]。

　本稿では以下，1999年から2007年までの労働党・自由民主党の連立内閣期を対象に，公共政策を改善・刷新するとともに，市民からの民主的正当性を確保していかなければならないスコットランド議会・行政府の現状と課題を，イギリス政府と地方政府との制約された政府間関係の中で，スコットランド議会・行政府が政策の決定，実施を行っている構造を検討する。即ち，イギリス政府とスコットランド議会・行政府との関係は，法的，財政的に依然として集権的な制度によって規定されており，両者は公式的，非公式的に密接な関係を形成していた。また，スコットランド議会・行政府は地方政府と対等の関係，補完性原理を尊重しなければならない一方，スコットランド議会・行政府がアカウンタビリティ，レスポンシビリティを果たすためには，政策実施主体である地方政府を集権的に統制しなければならない局面が生じ，両者の関係に対立と緊張を含むことがある。このように，スコットランド議会と行政府が市民の期待に応えるような公共政策を形成し，実施するためには，他のレベルの政府との間で多大な労力を伴う調整作業が必要となる。

第2節　スコットランド-イギリス両政府間関係[13]

　スコットランド議会・行政府とイギリス政府・ウェストミンスター議会との関係は，集権的な法制度，財政制度によって規定されている。第1に，スコットランド議会と行政府の機構，権能を規定しているスコットランド法（Scotland Act 1998）は，ウェストミンスター議会によって制定されており，同法を改廃する権能もウェストミンスター議会が保持している。スコットランド議会への移譲権限とウェストミンスター議会の留保権限の内容も，ス

コットランド法によって規定されている。スコットランド議会に移譲された権限のほとんどは、スコットランド省が担っていたものである。このようにイギリスの統治原理において最も根本的な議会主権は、分権改革によっても変更を見ていない。スコットランドは議会の設置によって立法権を確立したものの、その活動範囲は依然としてユニオン（Union）という国家構造の枠内において認められている[14]。この点に関して、90年代に労働党がスコットランド分権改革の推進を選択した背景をふりかえると、労働党がスコットランドの分離独立を主張するスコットランド国民党の支持が強まったことに対する対抗から、ユニオンという統治形態を維持しつつ最大限スコットランドに権限を移譲するねらいがあったとされる。また、スコットランドをはじめとして、ウェールズ、北アイルランドの各地域に不均一な形で権限を移譲することを許容する一方で、議会主権の原理を維持しているイギリスの国家形態は、単一主権国家（unitary state）とは区別され、ユニオン・ステイト（union state）として類別されている[15]。

　第2に、スコットランド行政府の財政構造を見ると、スコットランド行政府の歳入の80数％がイギリス政府からの一括交付金によって充当されている[16]。この一括交付金はバーネット・フォーミュラー（Barnett Formula）と呼ばれる算定式によって前年度比の予算額を増減することによって決定される。なお、いったん交付された交付金については、スコットランド議会がその使途を自由に決めることができる。こうした一括交付金を交付する制度は分権改革以前から継続しており、財政制度に関して大幅な変更を見ていない。なお、スコットランド議会には所得税を3％増減できる課税権があるが、増減税ともに課税権を行使することには政治的な困難が伴い、現在まで具体化に向けた検討は行われていない。

　このように、法的、財政的な制度に関し、分権改革以後もイギリス政府はスコットランドと密接な関係を維持していた[17]。また、現実の政府間関係に

おいては，イギリス政府とスコットランド政府は非公式的にも密接な関係を形成していた。スコットランド法によってイギリス政府とスコットランド議会・行政府との権限は明瞭になっているものの，実際には，両者が全く別個にそれぞれの政策を形成し，実行することは困難であり，それぞれの活動範囲は重複する部分があり，また相互依存にあるため両者は協調して政策を実行する局面が生じる。イギリス政府とスコットランド行政府が紛争を解決し政策を調整するための制度として，協定（concordat）の締結や，イギリス政府と各地域の政府の関係閣僚が集合し政策課題を話し合うための合同閣僚会議（Joint Ministerial Committees），さらに最終的に政府間の権能に関する法律上の紛争を裁定する機関として枢密院司法委員会（Judicial Committee of the Privy Council）が整備されているが，こうした公式的な制度が活用されることはまれであった。イギリス政府とスコットランド行政府の行政官の間では，むしろ非公式な経路で政策調整にかかわる意思疎通が図られる。さらに，政党政治家のネットワークも重要であり，2007年までの8年間，イギリス政府の与党とスコットランドの最大与党がともに労働党であったことは，両者の非公式な意思疎通を円滑なものとしていた[18]。

　しかしながら，このような政府間関係の状態は将来にわたって約束されているわけではない。どちらかの政府で政権交代が生じ，与党が異なる状態が生じたときには混乱が生じることが予想される。実際，後述するように，2007年のスコットランド議会選挙の結果，スコットランド国民党が少数与党として政権を獲得した。また，先の世論調査でも明らかなように，スコットランドが独自性をいっそう追求するならば，より多くの権限をイギリス政府から移譲されなければならないとの声も強い。反対に，スコットランドの領域的利益を維持し，確保するよう作用している現行の行財政制度を見直す要求が，イングランド地域から提起されている。1点目として，分権改革以後のスコットランド選出国会議員のウェストミンスター議会における役割を

法的に制限すべきであるとする，いわゆるウェスト・ロジアン問題（West Lothian Question）が提起されている。ウェスト・ロジアン問題とは，分権改革によってイングランド選出の国会議員がスコットランドに関する政策決定に関与できない一方，他方でスコットランド選出の国会議員が国会において引き続きイングランドにのみ関わる政策の採決に関与することが可能な状態に対する異議申し立てであり，70年代における分権改革の検討時から問題にされてきた[19]。近年，ブレア労働党政権の論争的な法案の可決にスコットランド選出国会議員の影響力が目立ってきたことを背景に，こうしたスコットランド選出国会議員の投票行動が改めて問題視されるようになり，保守党の側から問題提起が行われている[20]。

2点目として，スコットランド議会の独自性を強化するための財政自主権（fiscal autonomy）の確立に関心が高まり，政党間の考えの相違がそれぞれの目指すべき統治形態を反映しつつ顕在化しつつある。近年，スコットランドにおける財政制度を規定してきた一括交付金制度とバーネット算定方式に対して，スコットランドを過大に優遇しているのでないかとする批判が強まっている[21]。こうした批判は特に，北イングランド地方の国会議員や保守党から寄せられることが多い[22]。実際，国民1人当たりの政府支出を見ると，スコットランドのそれは全国平均より約20％上回っている。これに対して，イギリス政府とスコットランドの双方で与党である労働党は，連合王国の枠組みを維持し，協調的な政府間関係を持続するために，現行の一括交付金交付制度を存続する立場である。労働党以外の主要政党は，保守党は小さい政府の立場から，自由民主党は連邦制に向けた制度として，スコットランド国民党は連合王国からの分離独立の過程として，それぞれが異なる立場から財政自主権の確立に向けた構想を提示している。

また，スコットランド内部からは，シュウェル・モーション（Sewel Motions）という手続きによって，本来スコットランド議会が持っている権限に

関する立法行為がウェストミンスター議会において行われることを認める行為がしばしば問題とされる。シュウェル・モーションは，イギリス全体で立法を行ったほうが望ましい法案を現実的に処理するために利用されることが多い[23]。ところが，こうした手続きが多用されることや市民の関心が高い法案がウェストミンスター議会で可決されることに対して，スコットランド議会の独自性の放棄ではないかとする批判が起こる[24]。

第3節　スコットランド-地方両政府間関係

　スコットランド議会・行政府と基礎自治体である地方政府（council）との中央-地方関係も，法的，財政的には集権的な構造を形成している[25]。こうした特徴は，イングランド地方におけるイギリス政府と地方政府との関係とほぼ共通している。法的次元では，中央政府の議会が制定した法律によって地方政府の権限が確定し，これを超えた地方政府の行為は越権行為となり違法となる原則の下に，地方自治制度が形成される。財政的次元では，全地方政府支出の約80％が特定補助金，非住居税，歳入支援補助金としてスコットランド行政府から配分され，残りの約20％は独自財源であるカウンシル・タクスから充当される。また，スコットランド行政府の担当相は，カウンシル・タクスの税率を制限し，また，地方政府の資本支出を制限する権限を持っている[26]。政治的次元においては，スコットランドに限らず，その時々の政権党が選挙公約である政策を実現するために，自治体の再編，地方税制，新たな自治体経営手法の導入をはじめとする地方自治制度の抜本的改革がすすめられる。スコットランドにおける89年の人頭税導入や，96年の地方政府の完全一層化への再編は，その典型例である。

　ところがこうした制度上の集権構造を前提としつつも，現実の中央-地方

関係は基本的に公式的,非公式的な交渉,協議を行いながら政策の形成,実施を行うという協調に基づいた関係となっている。中央政府は地方政府に対して優越的な権限を持っているものの,中央-地方間の不安定性を減じ,政策の形成や執行をより確実なものとするために,両者の間で交渉,協議を重視する[27]。こうした特徴はイングランドにおける中央-地方関係にも該当するが,次のような要因からスコットランドにおいては,いっそう協調的な性格が強く表れる。まず,スコットランド分権改革以前からスコットランド省とスコットランドの利益集団が緊密な政策共同体を形成していた。スコットランド省の存在は,スコットランドの利益集団にとってイギリス政府への関与を可能にするとともに,スコットランド省が領域に由来する政策の独自性を維持するようにイギリス政府の政策決定の場で活動し,スコットランドにとって有利な役割を果たしてきた。また,地方政府を構成員としたスコットランド地方政府協議会(Convention of Scottish Local Authorities)が地方政府の利害を代弁する利益集団としての役割を果たしてきており,スコットランド省と協調的な関係を形成してきた[28]。

分権改革はスコットランド議会・行政府に,地方政府との対等原則の尊重を促すように作用している。上述したように,保守党政権時代,地方政府は財政自主権や執行権限の中央からの統制によって大きな影響を受けた。それゆえ,スコットランド地方政府協議会と地方政府はスコットランド憲政会議に参加し,分権改革運動を促進する主要なアクターとなった[29]。また,地方政府関係者に対するアンケートによれば,総じて,地方議員,地方政府行政部門の幹部ともに,改革を前向きに評価している。特に,閣僚や議員への関与が容易になったことに対する意義が大きいとされている[30]。

さらに,スコットランド議会・行政府と地方政府との対等原則を具体化するため,2003年にスコットランド地方政府法(Local Government in Scotland Act 2003)が制定された。同法は第1に,保守党政権時に導入された強制競

争入札制度を廃止し，ベスト・バリューと称される政策評価制度を導入し，地方政府の効率的な行政運営を促している。第2に，地域における福祉（well-being）を促進させるために，ボランタリー組織やコミュニティ団体と連携して，コミュニティ計画を策定する義務を地方政府に課した。第3に，地方政府は法律で禁止されている行為を除き，地域福祉の増進のための活動を積極的に行うための権限が与えられた[31]。

こうした動向はほぼ同時期に行われたイングランド，ウェールズにおける地方政府改革と同様の経過をたどっている。2000年に制定された地方政府法において，両地域の地方政府に対して，地域福祉を増進させるための権限を付与するとともに，コミュニティ・レベルでも積極的な役割を果たすことが期待された。一方，ベスト・バリューは，イングランドにおいては地方政府の活動を中央政府が事後的に統制するための手段として利用されているが，スコットランドおよびウェールズにおいてはそのような性格は薄い。またイングランドにおいては，地方政府の執行部の形態を伝統的な委員会制から直接公選首長や内閣制度に改革することが中央政府によって強力に推進されたが，スコットランドにおいては直接公選制以外の制度の選択が地方政府に委ねられた。分権改革以後，スコットランドにおいて進められた数々の地方政府改革を見ると，イングランドにおいて実行された政策をほぼそのまま導入している場合がしばしば見られる。これは，大規模な行政部門や数々のシンクタンクと関わりを持っているロンドンの中央政府と比較して，スコットランド，ウェールズ両政府の政策展開能力に制約がある点に主たる要因があると指摘される。また，イングランドの地方政府に対する改革手法と比較すれば，スコットランド，ウェールズのそれは，統制的な性格を弱め，地方政府と協調的な関係を維持しながら進められる点に特徴がある[32]。

ところが，スコットランド議会・行政府が地方政府の自立性を尊重しつつも，スコットランド議会・行政府の政策目的を達成するためには，集権的に

地方自治制度を見直し，地方政府の自由を制約せざるを得ない場面が生じ，両者の間に対立を生じさせることがある[33]。分権改革以後，こうした状況が典型的に顕在化した事例として，地方政府の選挙制度改革を中心としたローカル・ガバナンス法（Local Governance (Scotland) Act 2003）の制定をめぐる対立を指摘できる。同法は，「ローカル・ガバナンスを強化し，ローカル・デモクラシーを刷新する」ために，そして「民主的な政治参加の改善，地方政府にかかわる人の範囲を拡大するために」，地方議員の選出方法を改正し，小選挙区制を廃止して比例代表制を導入することを主な目的とした法律である[34]。このような法案が制定された直接の背景として，労働党と連立政権を構成していた自由民主党が強く主張してきたという経緯があった。これに対して，労働党には現行制度の維持を主張するスコットランド議会議員や地方議員が多数存在しており，党としての対応が分かれていた。

比例代表制導入論者は，小選挙区制の下で，少数の得票によって多数の議席が獲得されることによって死票が多く発生するという弊害を除去して，得票の割合と議席の割合を一致させることを目指している。これに対し，反対論者は，小選挙区制の方が政治家と有権者との密接な結びつきを保ち，また，強力な政治的指導力を形成することが可能であるとしている。そして，比例代表制は有権者と政治家との密接な結びつきを破壊するとともに，どの政党も絶対多数を確保できない自治体が増え，結果として投票率の低下を招くと批判した。同法案は，スコットランド行政府から提出されたものの，多数の労働党地方議員やスコットランド地方政府協議会が反対の姿勢をとった[35]。

このように，同法案をめぐる対立の構図には，議席数の増減という政治的な利害対立面とともに，「よきローカル・ガバナンス」とはなにかという考え方について，スコットランド行政府と多くの地方政府との間で相違が存在している点にあった。ある実証研究によると，地方議員は自らの主要な役割

を，有権者の支援，コミュニテイの代表，選挙区利益の増進と考えている。ところが，スコットランド行政府が分権改革の理念を制度化し，あるべき政府間関係と地方政府の運営を検討した「スコットランド議会と地方政府に関する委員会」の報告において，地方自治の刷新に期待されている地方議員の役割は，地方政府の活動の点検や自治体職員組織を統制することであるが，こうした課題について地方議員は高い優先順位を置いていない[36]。

同法案は，労働党内部において賛否が分かれ，法案の成立が危ぶまれたが，連立政権を維持するために自由民主党の意向を尊重した労働党が法案成立を進め，可決された。こうして，2007年に行われた地方選挙においては比例代表制が適用された[37]。このように，ローカル・ガバナンス法の制定過程において明らかになった政府間関係は，「ローカル・ガバナンス」に関する考え方が，スコットランド行政府と地方政府との間で必ずしも一致せず，最終的には上位の政府であるスコットランド行政府の意向が優先されることを示している。

また，分権改革以後もスコットランド政府と地方政府との間で対立を生じさせる改革として，エージェンシー（政策実施機関）の設立がある。スコットランド行政府が，公共政策の実効性を高める必要性を認識したり，また，地方政府による政策執行に問題があると見なした場合，地方政府の権限や組織を剥奪して，エージェンシーを設立する手段を選択する場合がある[38]。こうした手法は地方政府からの強い反発を招くことになり，実際，地方政府側からの強い反対によって実現が断念されたケースもある。実は，地方政府から権限を剥奪し，エージェンシーを設立する手法は，保守党政権と同様であり，地方政府はこうした手法に強く反対してきた経緯がある。エージェンシー設立をめぐる両者の対立は，分権改革によって創設された政府であっても政策の実効性を確保するためには，このような集権的な手法を上位の政府が選択する余地があることを示唆している。

以上，スコットランド行政府・議会は地方政府との関係において，二重の困難な状態に置かれている。第1に，スコットランド政府が政策の決定や資源配分に関して集権的な権限を持っている一方，実際の政策執行に関しては，地方政府に依存せざるをえない。第2に，分権改革運動の経緯を踏まえてスコットランド議会・行政府は，地方政府との対等原則を尊重しなければならない一方，スコットランド行政府が公共政策の実効性を高め，行政責任を果たすためには地方政府を集権的に統制しなければならない場合が生じ，両者の間に対立と緊張を引き起こす場合がある。

　独自の議会を創設し，広範な立法権を確立することによって進められたスコットランド分権改革は，一定の成果を生み出し，新しいスコットランド政治を定着させつつある。一方，スコットランド議会と行政府は，依然としてイギリス政府と地方政府との制約された政府間関係の中に置かれており，市民からの支持を獲得するために政党内閣がいかに適切な政策決定・実施を行うかが問われている。

おわりに——新しい段階を迎えたスコットランド政治：2007年5月の選挙の結果

　2007年5月3日に行われたスコットランド議会選挙および地方議会選挙は，従来までのスコットランド政治の様相を大きく変化させた[39]。スコットランド議会選挙において，スコットランド国民党が前回から20議席増の47議席を確保し，第一党となった。これに対して，労働党46議席（前回比4減），保守党17議席（同1減），自由民主党16議席（同1減），緑の党2議席（同5減），無所属が1議席，スコットランド社会主義者党が議席を失うなど，スコットランド国民党以外の全ての政党が議席数を減少させた。その結果，1999年から2期8年間続いた労働党と自由民主党の連立政権は終わ

り，スコットランド国民党が少数与党として初めて政権を獲得した。また，前回躍進を遂げた少数政党は，スコットランド国民党と労働党との競争に注目が集まったこともあり，大幅に議席を減らす結果となった。投票率は前回より上昇したものの，約52％に止まった。

　今回の選挙キャンペーンおよび結果からは，次のような特徴を指摘できる。まず，選挙キャンペーン期間以前よりスコットランド国民党が高い支持率を維持し続けており，その勢いが選挙結果に反映した。スコットランド国民党が今回，高支持率を得た背景には，アレックス・サモンド（Alex Salmond）党首を前面に推し立てたキャンペーン戦略によるところが大きい。アレックス・サモンドはエコノミスト出身の経歴を持ち，政策通として党内外から多くの支持を集めるカリスマ的性格を持った政治家であった。スコットランド国民党は「アレックス・サモンドを首相に」というスローガンを多用した選挙戦を行った。また，マニフェストにおいて，党是であるスコットランドの連合王国からの分離独立を問う住民投票の実施のほか，基礎自治体であるカウンシルの地方税制改革（住宅から所得へ課税対象を変更），中小企業者の事業所税の減免，大学生が負う負債の廃止，患者の医療サービス待ち時間の保障，フォース大橋，テイ大橋の通行料の無料化など，総じて住民負担を軽減する多くの政策を掲げた。

　これに対して，それまで最大の議席を維持してきた労働党は，イラク戦争への批判，ブレア政権の貴族院議員推薦にかかわる金銭疑惑などによって，世論からの強い批判を受けた。選挙戦において労働党は，スコットランド国民党が掲げるスコットランド独立がいかにスコットランド経済に対して，そして市民に対して多大な損害と負担を生じさせるかを強調し，スコットランド国民党を批判するいわばネガティヴ・キャンペーンを展開したが，支持率を回復するには至らなかった。

　ところで，スコットランド国民党の支持率は高い水準を維持しているもの

の，多くの市民はスコットランド独立に対しては反対の立場をとっている。また，スコットランド国民党が少数与党に止まり，労働党，保守党，自由民主党がスコットランド独立に反対していることから，独立への動きがすぐに具体化することはないと思われる。

　一方，基礎自治体である32の地方政府でいっせいに行われた地方議会選挙では，上述したローカル・ガバナンス法の施行に伴い，1つの選挙区から3名ないし4名が選出される比例代表制が導入された。また，同法によって2007年に引退する地方議員に退職金が支払われたこともあり，今回選出された全地方議員1,222名のうち，48％が新人となった。総議席数の増減を見ると，スコットランド議会と同様の傾向が現れ，労働党が161議席を減らし，348議席に止まった一方，スコットランド国民党は187議席の増加で363議席を獲得した。その結果，単独の政党（特に労働党）が過半数の議席を確保する地方政府が大幅に減少し，労働党が多数与党の地方政府は2，無所属議員によるところが3であった。6つの地方政府は少数の単独政党によって運営されている。残りの21の地方政府では複数の政党によって連立が形成されることとなった。

　このように，当初から予想されたように，単独で，特に労働党が過半数の議席を確保する地方政府が大幅に減少し，少数与党や連立を形成する地方政府が増大したことが，今後，地方議会の活動，さらには地方政府の行政運営にどのような影響を与えるのかが注目される。また，スコットランド国民党がマニフェストにおいて示した数々の公約には，小学校低学年のクラスの少人数化や，高齢者ケアに対する支出をインフレ率に連動させて増額するなど，地方政府の権限であり地方政府を通じて実行される政策があるが，現在のところ，財源確保は具体化されていない。さらに，スコットランド国民党は地方税制について，住宅を課税対象にしている現行のカウンシル・タクスを廃止し，地方所得税に変更することを公約にしたが，こうした改革によっ

て地方政府が従来まで提供してきた行政サービスを維持できるだけの財源を実際に保障できるのかについて，疑念が呈されている。このように，スコットランド国民党が選挙キャンペーンにおいて示した政策を実行するためには，地方政府との間で政策の実現に必要な資源確保をはじめ，政策の執行に関わる合意形成をどのように図っていくかが問われている。

スコットランド国民党が政権党となったことで，従来にない新しい観点から，スコットランドの独自性を強調した公共政策をめぐる議論が活性化されることが予想される。上述したように99年の分権改革以来，スコットランドとロンドンの政権党が双方とも労働党であったことから，政府間関係は協調的で安定的であった。サモンド政権がスコットランドにおいて政権を運営していくためには，ロンドンのブラウン労働党政権と対抗しながらも，継続的な交渉を行わなければならない。その際，従来までは活用されなかった政府間調整の公式的な制度を実際に運用する必要が生じるであろう。分権改革によって整備された政治制度の役割が，今回のようにロンドンとスコットランドの政権党が異なるという政治状況を迎えて，初めて問われることになる。同時に，スコットランド国民党の選挙公約を実現するためには，地方政府そしてスコットランド地方政府協議会との協調関係を維持しなければならない。特に，新しい政策を実行する際に必要となる地方政府の財源確保を，どのように具体化するのかが課題となる。このように，従来までの状況に加え，少数与党であるスコットランド国民党が独自性を強めることによって，イギリス政府—スコットランド政府—地方政府の政府間関係が従前の特徴を維持していくのか，あるいは複雑なものに変容するのかについて，今後の公共政策の形成過程に焦点を当てながら考察していく必要がある。

(本稿は，2006年度日本行政学会分科会E「日本型リージョナル・ガバメントの可能性と展望」において報告した内容を基に，2007年5月のスコットランド議会選挙の結果をはじめとするその後の経過や，直近の研究成果を加える形で再構

成したものである。分科会その他の機会において有益なコメントや質問を下さった方々に，記して感謝申し上げる次第である）

1) 行政学における主たる先行研究として，島袋純「英国スコットランド，自治の実験」『フロンティア 180』，1998 年夏季号，「スコットランドの分権改革（2）〜（終）」『フロンティア 180』，1998 年秋季号，1999 年新春号，1999 年春季号，山口二郎「スコットランドの地方分権と地域開発」『epoca 22』，北海道総合企画部政策室，1999 年，北村亘「英国における権限移譲改革」『甲南法学』，第 41 巻第 3・4 号，2001 年を参照。

また，スコットランド分権改革が実現するに至る経過についての邦語論文として，小舘尚文「スコットランド問題をめぐる政党政治――労働党と権限委譲」『国家学会雑誌』第 114 巻第 7・8 号，2001 年を，イギリス全体の各リージョンへの権限移譲の動向についての最新の邦語文献として，若松邦弘「イギリス―地域における政治の創出―」，大島美穂編著『EU スタディーズ 3 国家・地域・民族』，勁草書房，2007 年を参照。

2) J. Mitchell, *Governing Scotland*, Basingstoke, Palgrave Macmillan, 2003, pp. 210-215.
3) A. Midwinter, M. Keating and J. Mitchell, *Politics and Public Policy in Scotland*, Basingstoke, Macmillan, 1991, ch. 4.
4) P. Lynch, *Scottish Government and Politics*, Edinburgh, Edinburgh University Press, 2001, ch. 2.
5) J. Mitchell, Scotland: Devolution Is Not Just For Christmas, in A. Trench (ed.), *The Dynamics of Devolution: The State of the Nations 2005*, Exeter, Imprint Academic, 2005.
6) Scottish Constitutional Convention, *Scotland's Parliament. Scotland's Right*, 1995, http://www.almac.co.uk/business_park/scc/scc-rep.htm
7) P. Cairney, *Is the Scottish Parliament Different and Does the Scottish Parliament Make a Difference?*, Paper for Symposium at Graduate School of Law, Hokkaido University, 2004.
8) S. Herbert, *Attitudes to the Scottish Parliament and Devolution（SPICe briefing）*, the Scottish Parliament, 2006.
9) N. McEwen, Is Devolution at Risk?: Examining attitudes towards the Scottish Parliament in light of the 2003 Election, in *Scottish Affairs*, 44, 2003, pp. 54-73.
10) P. Cairney, *op. cit.*
11) J. Mitchell, Scotland: Expectations, Policy Types and Devolution, in A. Trench (ed.), *Has Devolution Made a Difference?: The State of the Nations*, Exeter, Imprint Academic,

2004.
12) G. Jordan and L. Stevenson, Redemocratizing Scotland. Towards the Politics of Disappointment?, in A. Wright (ed.), *Scotland: the Challenging of Devolution*, Aldershot, Ashgate, 2000.
13) 本節および次節の叙述は，拙稿 The Transformation of Governing Style in Scotland, *THE HOKKAID LAW REVIEW*, 55. 4, 2004 に基づきつつ，その後刊行された文献等の研究成果を反映させ再構成したものである。
14) P. Lynch, *op. cit.*, pp. 15-21.
15) J. Mitchell, 2003, ch. 1.
16) R. Burnside, *Guide to the Scottish Budget (SPICe briefing)*, the Scottish Parliament, 2007.
17) さらに，スコットランド行政府の公務員制度は全国政府の管轄下にある。実際の雇用その他の運用はスコットランド政府の大臣に委任されており，スコットランド政府によって公務員制度が運用されている。(R. Parry, Devolution, Integration and Modernisation in the United Kingdom Civil Service, in *Public Policy and Administration*, 16. 3, 2001, pp. 58-59, and J. Convery, *The Governance of Scotland*, Edinburgh, The Stationery Office, 2000, p. 303) これに対し，公務員制度も権限移譲されるべきであるとの指摘もされている。(*The Herald*, 2004. 9. 16)
18) M. Keating, *The Government of Scotland*, Edinburgh, Edinburgh University Press, 2005. Ch. 5. ところが，こうした関係はまれにイギリス政府によるスコットランドの独自性を阻害させる方向に働くことがある。スコットランド議会の独自性を象徴する老人ケアの無料化に対して，当初イギリス政府は否定的な態度を示しており，非公式的に圧力をかけた。(R. Simeon, Free Personal Care, in R. Hazell (ed.), *The State of the Nations 2003*, Exeter, Imprint Academic, pp. 215-235)
19) J. Mitchell, Towards a New Constitutional Settlement?, in C. Hay (ed.), *British Politics Today*, Cambridge, Polity, 2002, ch. 11.
20) *The Herald*, 2006. 1. 18.
21) D. Heald and A. McLeod, Fiscal Autonomy under Devolution: Introduction to Symposium, in *Scottish Affairs*, 41, 2002, pp. 5-25.
22) *The Herald*, 2006. 6. 24.
23) M. Keating, L. Stevenson, P. Cairney and K. Taylor, Does Devolution Make a Difference?: Legislative Output and Policy Divergence in Scotland, in *The Journal of Legislative Studies*, 9. 3, 2003, pp. 117-120.
24) *The Herald*, 2005. 1. 26.

第 7 章 スコットランド分権改革の経過と課題　187

25) スコットランドにおける地方政府の制度と活動に関しては, A. McConnell, *Scottish Local Government*, Edinburgh, Edinburgh University Press, 2004 を参照。
26) Audit General, *How Govenment Works in Scotland*, Edinburgh, Audit Generel, 2002, pp. 47-50.
27) J. J. Richardson and A. G. Jordan, *Governing Under Pressure*, Oxford, Martin Robertson, 1979, pp. 105-113.
28) M. Keating and A. Midwinter, *The Government of Scotland*, Edinburgh, Mainstream, 1983, pp. 102-107.
29) M. Bennett, J. Fairley and M. McAteer, *Devolution in Scotland*, York, Joseph Rowntree Foundation, 2002, pp. 1-3.
30) *Ibid.*, ch. 2.
31) S. Herbert, *Local Government-Subject Profile (SPICe briefing)*, the Scottish Parliament, 2003.
32) M. Laffin, Comparative British Central-Local Relations: Regional Centralism, Governance, and Intergovernmental Relations, in *Public Policy and Administration*, 22, 1, 2007, pp. 81-88.
33) N. McGarvey, Intergovernmental Relations in Scotland Post-Devolution, in P. Carmichael and A. Midwinter (eds.), *Regulating Local Authorities*, London, Frank Cass, 2003. p. 46.
34) Scottish Executive, *Draft Local Governance (Scotland) Bill: Consultation*, Edinburgh, Scottish Executive, 2003.
35) S. Herbert, *Local Governance (Scotland) Bill (SPICe briefing)*, the Scottish Parliament, 2003.
36) M. McAteer and K. Orr, The 'Modernisation' of Political Management Arrangements in Post Devolution Scottish Local Government, in *Public Policy and Administration*, 18. 1, 2003, pp. 63-83.
37) 新しい選挙制度の特徴と地方政治に対する影響については以下の文献を参照。L. Bennie, Transition to STV: Scottish Local Government Elections 2007, in *Representation*, 42, 4, 2006.
38) *The Herald*, 2003. 10. 17.
39) 以下の記述は, S. Herbert et al., *Election 2007 (SPICe briefing)*, the Scottish Parliament, 2007, および S. Herbert, *Local Government-Subject Profile (SPICe briefing)*, the Scottish Parliamet, 2007 を参照するとともに, *The Herald, Sunday Herald, BBC Scotland* 等の報道を参考にしている。

第8章　フランスと補完性原理
——州の現状と2003年憲法改正

西　村　　　茂

はじめに

　補完性原理を謳ったヨーロッパ地方自治憲章は1985年に採択された。それ以来長年にわたってフランスは，これを批准してこなかった。フランスにとって補完性原理は，連邦制国家の価値観を意味するものとして大きな抵抗があったためである[1]。

　だが，2003年に行われた憲法改正の前後から状況は変化し，1980年代の改革に続く「地方分権化の第2幕」が展開される。この中で，州は憲法上地方公共団体と明記され，一層の事務権限が移譲された。

　そして2006年1月17日，ようやく上院がヨーロッパ地方自治憲章を承認する法律を採択して国民議会に送付し，同年6月30日に，国民議会もこの法律を採択するに至った。

　本稿では，補完性原理を受け入れたフランスの地方制度が，イタリア型の「州国家」へと「どのように」近づきつつあるのかを確認したい。以下ではまず，州の歴史的発展と規模・役割を概観した上で，2003年憲法改正以後の地方分権化の内容を検討する。

第1節　フランスの地方公共団体(collectivité territoriale)と州(région)

1. 4層の地方制度

フランスの地方公共団体は，市・県・州の3層からなる。(表8-1)

この他に広域協力法人（複数の市が連合した公施設法人 établissement public）が，市と県の間に存在している。このうち固有税と間接選挙の議決機関を持つものは 2,588 あり，人口の 86.5% をカバーしている。(平均人口は 16,151 人，2007 年 1 月現在) 現在は，議決機関の直接選挙が議論されつつあり，フランスの地方制度は，事実上 4 層制となりつつある。

フランスの区域割りの特徴は，200 年の歴史を有する市と県が，合併・廃止されず，その上に広域的な公法人や自治体がそれぞれ形成されてきたこと

表8-1　地方公共団体（海外県・海外州以外の海外公共団体を除く，2007 年)[2]

		数	平均人口
市		36,783	1,703
	本土	36,569	1,663
	海外県	114	15,904
県		100	626,380
	本土	96	633,594
	海外県	4	453,250
州		26	2,409,154
	本土	21	2,883,242
	コルシカ特別地方公共団体	1	276,911
	海外県	4	453,250

である。そのため比較的小規模の自治体が多数存在しているのである。

2. 州の発展史[3]

フランス大革命後の集権的制度としての県

1790年，大革命によって設置された83の県は，旧来の制度（プロヴァンス）を分割したものであり，封建的な地方割拠および周辺の分離独立運動を統制し「不可分の共和国」を形成する制度として導入された。

県は，中央政府の指令を全国に行き渡らせる画一的な制度であった。その地理的規模は，当時の交通手段を考慮した大きさであり，歴史的・文化的な地方の一体性と合致していなかった。

しかしその後，県は200年にわたって変化せず，地方公共団体としても国の出先機関の管轄区域としても定着している。現在でも，州よりもむしろ県の方が国の出先機関の中核を形成しているのである。

リージョナリズムと経済開発の受け皿としての州

他方，経済活動規模の発展とともに県は小さすぎるという認識も広がるようになる。その動きがリージョナリズムである。

19世紀末以後のリージョナリズムは，県を廃止する動きと連動し，州の創設を求めた。しかし，周辺地域の分離独立と結びつくことへの警戒も根強く，1890年〜1913年の間に，州を設置（県を廃止）する法律案が4度否決された。

20世紀後半には，県の規模が時代に合わないとする地域経済界（特に新産業分野）の主張が活発化し，近代化・地域開発の受け皿として州の創設が求められた。

1944年には，ヴィシー政府が18州を設置して，州知事を任命したが，1946年には廃止された。しかし，再び1948年には，州知事と同等ポストが復活

図8-1　フランスの州

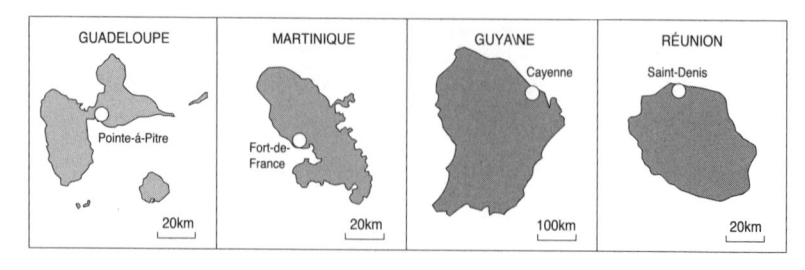

するとともに，経済界の要望で州経済開発委員会（諮問機関）が設置された。

1956年には，地域計画の区域として22の「プログラム州」が制度化され，さらに1960年には，21の「州活動区域」（ローヌとアルプ統合）設置と州知事の任命が実行された。

その結果，次第に形成された制度は，県を廃止せず，その上に経済開発・国土整備を担当する広域的な協力組織として置かれたものであった。

州の設置が求められたのは，県の規模が小さいためであった。このような動きはリージョナリズムとして各国共通にみられる。フランスでは，県を廃止せずに州と県が仕事を分担しあうという制度作りを行った。この点は現在，市を合併せず（合併できず），広域協力組織を設置する方式に受け継がれている。

地方公共団体としての州

1969年，当時のドゴール大統領が提起した，州を地方公共団体とする案は，国民投票で否決されるが，1972年には，州に間接選挙の議会が設置され，まず「公施設法人」として制度化されるに至る。その後，1982年，ミッテラン政権の下で，議会を直接選挙，議会議長が執行機関となって，ようやく完全な地方公共団体となった。

州議会を住民が直接選挙する最初の選挙は，1986年に実施された。フランスの地方公共団体としての州はこのように20年の歴史しかない。しかし，その背後には100年以上に及ぶ様々な政治的・社会的運動と要求が存在していた。また現在では，EUの地域格差是正政策の受け皿，地域間経済競争の担い手として，重要な役割を担っている。さらに，2003年憲法改正により，州は地方公共団体と明記されることになった。

第2節　州の規模と役割

　フランスの州は，海外州の4つを含み現在26である。州は，先に見たように地方公共団体としての歴史が浅く，公務員や財政支出の規模は小さい。規模は，市＞県＞州と上へ行くほど小さくなっている。州は県の上に乗った小さな自治体であるが，歴史的に見ると財政・公務員の両面で急成長を遂げてきたことも注目すべきである。以下，これらの点をデータにより確認していく。

1. 人口・面積と公務員

人口・面積

　フランスの州の人口は平均約240万人で，日本の県と同規模である。（コルシカを除く本土の州では288万人）州は，小さな規模の県・市の上位にあるが，それ自体比較的に小さな自治体と言えよう。（表8-2）

　各州を見ると，人口や面積のサイズは多様である。人口最大の州は，パリを含むイル＝ド＝フランス州で約1,140万人，本土で最小の州はコルシカ島の約28万人（大陸ではリムーザン州の約72万人）と，大きな差がある。

表8-2　州・県の規模比較（日仏伊，2007年）[4]

	日本（県）	フランス（州）	イタリア（州）
数	47	26	21
人口	1億2,759万人	6,290万人	5,880万人
州平均人口	271万人	240万人	280万人
面積	377,700 km^2	632,834 km^2	301,336 km^2
州平均面積	8,036 km^2	24,340 km^2	14,349 km^2

他方，州の面積は，日本のほぼ3倍の規模であり，より大きな地域をカバーしている。地方制度が類似してるイタリアと比較すると，人口では同規模，面積ではフランスの州がイタリアの1.7倍となっている。

公務員

州の公務員は他の2層の地方公共団体に比べて非常に少なく，全地方公務員の約1％にすぎない。（表8-3）

ただし，歴史的に見ると州の公務員は地方公共団体となった1980年代から急増している。1983年から2003年の間にほぼ7倍となった。最近の10年間でも他の層より大幅に増加している。（表8-4, 5）

また職種の内訳をみると，幹部公務員（Aカテゴリー）の比率が，県や市に比べて非常に高いのが州の特徴である。この点は，州が「身軽」でありながら，政策決定過程では重要な役割を果たしている自治体であることを示している。（表8-6）

2. 財　政

フランスの州は，財政の規模も小さい。2004年決算では，広域協力法人を含む地方財政に占める比重は9.8％に過ぎない。（表8-7）

財政規模をイタリアと比較すると興味深い特徴がある。イタリアでは州の財政が地方全体の6割を占め，次いで市が大きな役割を果たし，県の規模は極端に小さい。これに対してフランスでは，市＞県＞州と上へ行くほど小さくなっている。自治体と住民の距離＝近接性から言うと，フランスの現状がイタリアよりも身近であると言えるかもしれない。（表8-8）

以上見たように，公務員や財政支出の規模は，上へ行くほど小さくなっている。それは，州の歴史を反映している。

現状では，州は県の上に乗った小さな自治体である。しかし，新しい2層

表 8-3 地方公務員数の内訳・構成比（2004 年末）[5]

市	1,204,037	67.7%
広域協力法人	196,265	11.0%
県	290,950	16.4%
州	13,972	0.8%
その他	72,095	4.1%
合計	1,777,319	100.0%

表 8-4 州公務員の増加（1983 年〜2003 年）[6]

	1983 年〜2003 年の増加率%
市	33%
県	11%
州	682%
地方自治体合計	29%

表 8-5 地方公務員の増加・構成比・増加率 [7]

	1994 数	1994 比率	2005 数	2005 比率	伸び率% 1994〜2005
市	838,786	68	993,905	62	18.5
県	157,646	13	201,601	12	27.9
州	7,146	1	15,116	1	111.5
広域協力法人（固有税）	37,247	3	121,612	8	226.5
他の広域協力法人	46,371	4	61,467	4	32.6
他の地方法人	144,553	12	219,520	14	51.9
総計	1,231,749	100	1,613,221	100	31.0

表 8-6　地方公務員のカテゴリー別構成比（2004 年末）[8]

カテゴリー	正規 A	正規 B	正規 C	非正規 A	非正規 B	非正規 C
市	5.8%	9.7%	84.6%	8.9%	12.6%	78.5%
広域協力法人	10.3%	12.7%	77.0%	18.8%	21.2%	60.0%
県	12.2%	31.6%	56.2%	20.5%	27.0%	52.2%
州	29.2%	17.7%	53.1%	66.0%	13.0%	21.0%

表 8-7　各レベルの支出規模・構成比の変化と増加率（1984～2004 年）[9]

（単位：10 億ユーロ）

	構成比 1984 年	構成比 2004 年	支出規模 1984 年	支出規模 2004 年	増加率 84～04 年
州	4.1%	9.8%	2.20	17.31	787%
県	31.3%	29.5%	16.68	51.84	311%
市	64.6%	46.3%	34.44	81.45	236%
広域協力法人	0.0%	14.3%		25.20	
合計	100.0%	100.0%	53.32	175.80	330%

表 8-8　地方自治体の支出：仏伊比較 [10]

（単位：10 億ユーロ）

	州	県	市	合計
イタリア（2001 年）	129.505	8.418	71.061	208.984
	62.0%	4.0%	34.0%	100.0%
フランス（2004 年）	17.31	51.84	81.45	150.60
	11.5%	34.4%	54.1%	100.0%

である州と広域協力法人（表8-5,7）は，着実に成長しており，県と市は，その財政的比重を低下させつつあることも確認できる。すでに述べたようにフランスの地方制度は，200年間不変の伝統的な県と市の上に，州と広域協力法人が加わった4層（市―広域協力法人―県―州）で形成されている。

3. 公共投資における州の役割

さらに州の重要性を示すものとして，投資分野における役割の大きさが挙げられる。

州の投資支出の規模は，市や県と比較すると未だ小さい。しかし1984年～2004年の20年間で，県・市よりも大きな伸びを示していた。（表8-9）

また，投資支出の構成における特徴は，間接投資額（補助金）が県と同等

表8-9　投資支出の伸び率比較

（単位：10億ユーロ）

	1984年	2004年	伸び率
州	1.34	8.17	610%
県	4.16	14.41	346%
市	25.92	34.03	131%

表8-10　投資支出の比較（2004年）（単位：10億ユーロ）

投資支出	州	県	市	広域連合
合計	8.17	14.41	28.07	5.96
元金償還	0.79	2.68	8.07	1.16
直接投資	2.78	6.90	16.02	4.10
間接投資（補助金）	4.25	4.42	0.59	0.51
その他（投資）	0.35	0.41	3.39	0.20

表 8-11　人件費の比較（2004 年決算）[11]

(単位：10 億ユーロ)

	州	県	市
人件費	0.57	6.13	26.85
経常支出	9.14	37.43	53.38
経常支出に占める比率	6.2%	16.4%	50.3%
総支出に占める比率	3.3%	11.8%	33.0%

であることである。(表 8-10) さらに償還費も少なく，経常支出に占める人件費も小さい。(表 8-11)

　フランスの州は，財政的にはコンパクト（県は州の 3 倍）でありながら，公共投資や経済発展においては相対的に大きな役割（県は州の 1.7 倍）を果たしていると言える。

　州が投資分野で重要な役割を果たしているというフランスの特徴は，イタリアと比較するとより明確になる。

　イタリアの州では社会政策が支出の 62% を占めている。それに対してフランスの州での支出構成は，交通 25.6%，教育（高校の整備，維持管理）21.2%，職業訓練 18.3% と，公共事業・経済開発分野が多い[12]。(図 8-2, 3)

　また，フランスの県は，イタリアの州と似て社会保障分野に重点がある。(RMI は「社会参入のための最低所得保障」，APA は「自立支援手当」) 既に述べたようにイタリアの県は財政的にはきわめて小さく，支出構成では運輸通信や教育文化の比重が高い。

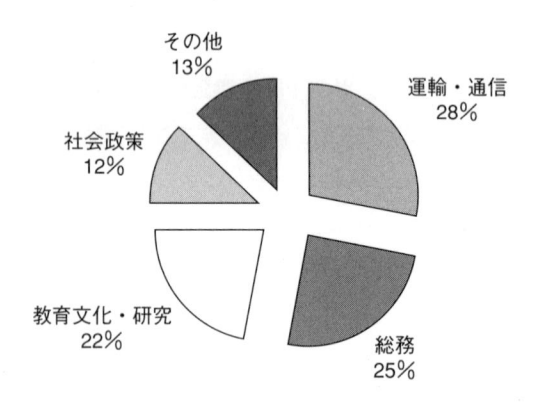

図 8-2 イタリアの支出構成（州・県）

イタリア：州の支出構成（2001年）

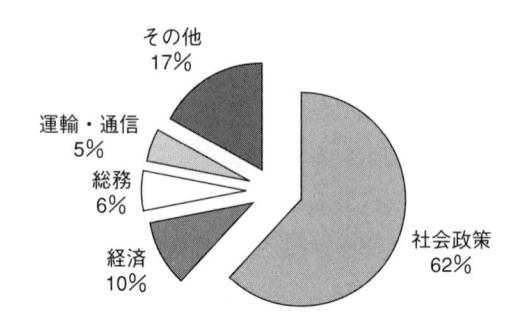

- その他 17%
- 運輸・通信 5%
- 総務 6%
- 経済 10%
- 社会政策 62%

イタリア：県の支出構成（2001年）

- その他 13%
- 運輸・通信 28%
- 社会政策 12%
- 教育文化・研究 22%
- 総務 25%

第 8 章 フランスと補完性原理　201

図 8-3　フランスの支出構成（州・県）

フランス：州の支出構成（2005年全支出）

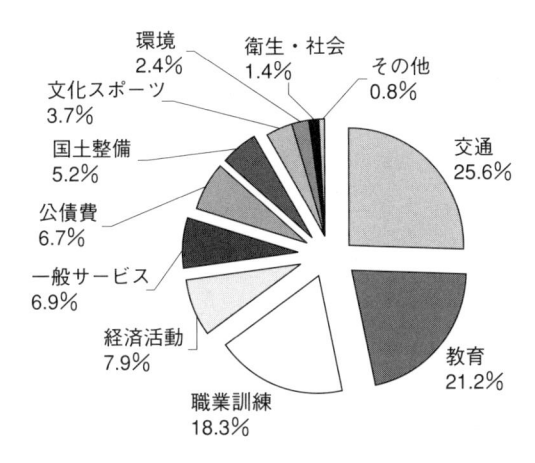

- 環境 2.4%
- 衛生・社会 1.4%
- その他 0.8%
- 文化スポーツ 3.7%
- 国土整備 5.2%
- 公債費 6.7%
- 一般サービス 6.9%
- 経済活動 7.9%
- 職業訓練 18.3%
- 教育 21.2%
- 交通 25.6%

フランス：県の支出構成（2005年経常支出）

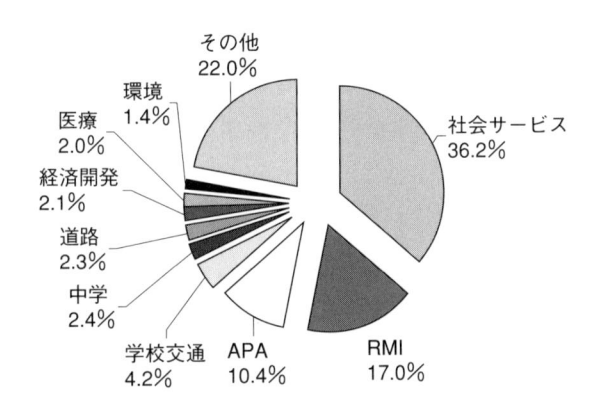

- その他 22.0%
- 環境 1.4%
- 医療 2.0%
- 経済開発 2.1%
- 道路 2.3%
- 中学 2.4%
- 学校交通 4.2%
- APA 10.4%
- RMI 17.0%
- 社会サービス 36.2%

第3節　2003年憲法改正と補完性原理

1. 補完性原理の導入

　2003年の憲法改正により，補完性原理が導入されたと評価されている。（第72条②）しかしその文章自体は，補完性（subsidiarité）という用語を含んでいない。

　また「最もよく実施しうる諸権限」は具体的に列挙されていないし，「使命」という用語も曖昧さを残す要素である。（表8-12）

　フランスは，憲法改正時点で，補完性を謳った1985年のヨーロッパ地方自治憲章を批准していなかったために，この原理を完全には受け入れていないと言われてきたが，この点は2006年の批准により解決された。

　第72条②は，表現上の問題はあるが，それが補完性原理を意味することにはほとんど異論は聞かれない。したがって今後，補完性原理が立法府を拘

表8-12　改正の要点（一部省略）[13]

	2003年以前	2003年改正
共和国の組織	なし	「その組織は地方分権化される」（第1条）
地方公共団体	市・県・海外領土	市・県・州・特別公共団体・海外公共団体（第72条①）
補完性	なし	地方公共団体は，自己の位置する階層において最もよく実施しうる諸権限のすべてにつき，決定する使命を有する（第72条②）
条例制定権	なし	法律の定める条件に従い，これらの地方公共団体は，選挙により選ばれた議会により自由に行政を行い，その権限の行使のために条例制定権を有する（第72条③）

実験	なし	…組織法の定める条件に従い，地方公共団体またはその連合体は，場合に応じ法律または命令の定めがある時には，実験的に，限定された対象と期間に限り，その権限行使を規律する法律または命令に違反することができる（第72条④）
財政的自治	なし	地方公共団体は，法律の定める条件に従い自由に活用できる財源を享受する（第72条の二①）
	なし	地方公共団体は，あらゆる性質の税収の全部もしくは一部を受領できる。法律は，地方公共団体に，法律が定める制限内で租税の基礎と税率を決定することを許可できる（第72条の二②）
	なし	地方公共団体の税収およびその他の固有財源は，各種の団体の財源全体の決定的比率を占める（第72条の二③）
	なし	国と地方公共団体の間の権限移譲は全て，その権限行使に充てられていた財源と等価の財源の付与を伴う（第72条の二④）

束する枠組みとして機能することは間違いないと思われる。ただし，それがどのような制度改革に具体化されるかは依然不透明である[14]。なぜなら，補完性は，文化的な概念であり[15]，その原理は，法制度としては明確さを欠き，各国によりその具体的制度は異なりうるからである[16]。

その上で，フランスの制度において明確な点を1つ指摘することができる。それは「自治体の近接性」である。これは自治体の規模の問題であり，住民に身近な自治組織が存在し続けていることである。

近接性の尊重という点から見ると，4層の地方制度はメリットを持っている。さらにフランスの場合，州自体が人口規模からして日本の県に近い。ただし当然，権限の錯綜と非効率というデメリットも考えられる。また，各レベルの地方公共団体は，その人口・財政規模に大きな格差が見られるため，

ある特定分野の権限を同じレベルに画一的に委ねることに無理が生じる。

　地域の歴史的多様性を前提としながら，地方分権化と近接性の両立をはかることが次の課題である。この点は，次に見る条例制定権と実験の権利に関連してくることになる。

2. 条例制定権

　第72条③により，地方公共団体の条例制定権が明文化された。立法の意図は，地方公共団体の「裁量の余地」を拡大し，本当の意味での「行動の自由」[17]を与えることであった。

　だが，イタリアの現行憲法が州の立法権を明記しているのに対し[18]，フランス憲法は，立法権の分有を認めていない。不可分の一体性を原則とする共和国では，立法権は国の立法機関に独占されるというのが通説である。憲法上の立法権明記という点で，フランスでは「地方分権は，立法権の扉の前で止まる」ことは確かである[19]。国会による侵害を防ぐ手だては憲法にしかないのであるから[20]，憲法としては，国会の立法が侵しえない自治権の保障をいまだに欠いていると解釈できる。

　地方公共団体が立法権を分有していないという点は，フランスでは地方公共団体は「始原的立法権」を持たないと表現されている。だが「始原的」でなければ立法権を100%持たないという評価になるのか，という論点がありうる。ある論者は，フランスの地方公共団体には「命令権（条例制定権）の範囲内で，規範定立権の一部を有することは長い間認められてきた」としている[21]。

　ここでは，条例制定権は規範定立権の一部であるという当たり前のことが述べられているにすぎない。だが，先に述べた立法意図や憲法の他の条項（特に補完性原理を導入した第72条②）をワンセットで考慮すれば，地方公共団体のもつ規範定立権の拡大解釈の余地が生まれるはずである。「規範の

地方化」という議論もなされつつある[22]。

　憲法に地方公共団体の「立法権」という文言そのものがないことをもって，今回の条例制定権の条文を意義がないと評価すべきではない。むしろ，中央集権的であったフランスでさえ，「立法権の多元化」という解釈が成り立ちうる方向へ踏み出したとみるべきではないだろうか[23]。

　条例制定権の評価は，フランス憲法第72条③の表現「自由に行政を行い」にも関わっている。この「自由行政」は，原理的に限定されたところの「行政体としての自由」にすぎないとするのが通説である。もし自由が，共和国の不可分性や平等という別の原則の下位にあるものなら，そうであろう。各地方公共団体の提供するサービスの平等が優先され，活動の多様性は認められる余地はほとんどなくなるからである。

　しかし，実際の運用に関しては，自由行政，不可分性，平等という諸原則の調整こそがむしろ問題である，と認識されているのである[24]。立法権なのか行政命令権なのかという点よりも，個別自治体が行政命令権を行使することにより，地方公共団体間の格差が生じることを認めている点が重要である[25]。

　2003年憲法改正は，平等の優越よりも，地方公共団体の活動における自由度の拡大という方向を選択したと評価できる。この点は，次の実験の権利にも関わっている[26]。

3. 実験による法律の逸脱

　憲法改正以前に，憲法院はコルシカ議会に関する法律に関して違憲判決（2002年1月17日）を下していた。その条文は以下のようなものである。

　　「コルシカ議会は，国会が適切な法律の条文を後で採択してくれることを目指して，必要な場合には現行の規範に違反することを含む，いく

つかの実験を行う可能性を立法府が自らに与えるよう，政府に要求することができる」

　この条文を憲法院は，「コルシカ自治体に法律事項に属する措置をとる権限を与える可能性」があるとして，違憲と判断している[27]。国会に要求することすら，立法権の侵害で違憲と解釈していたのである。

　このような経緯を考えると，2003年の改正（第72条④）において，地方公共団体およびその連合が実験的に権限行使を規律する法律に違反することを認めたことには，大きな意味がある。

　実験に関しては既に憲法改正以前から，いくつかの州で鉄道に関する権限を行使してきた[28]。憲法改正はこのような経験を踏まえた上で，補完性原理に対応した権限配分を試みようとするものであった。

　実験の権利は，2つの点で補完性原理に即している。第1に，実験的な権限行使の結果から特定分野の権限配分の適正化を判断し，場合によっては同一レベルの地方公共団体に一般化するという点。第2に，各レベルの地方公共団体が画一的な仕事を行わずに，権限配分のあり方を考える点である。

4. 固有財源比率の保証

　改正された条文は，固有財源が財源全体の中で決定的な比率を占めることを明記した。（第72条の二③）この「決定的な比率」とは何％なのかは，その後2004年の法律により具体化され，2003年の水準を下回らないものと決定された。

　条文の表現自体は曖昧ではあったが，それ以前の固有財源比率低下に歯止めをかけた意義は大きかった。

　特に州は，固有財源が過去に70％あった時期から，大きく低下していたが，2004年に40.8％，2005年に44.1％と改善されつつある。（表8-13）

表 8-13　固有財源の比率[29]

	2004 年	2005 年
市・広域協力法人	61.3%	61.2%
県	63.4%	66.4%
州	40.8%	44.1%

5. 事務の再配分

　各層に特定分野の事務権限を排他的に配分するという方針は，1980年代の改革以来強調されてきた。2003年の憲法改正もその方向に沿ったものであった。その後，「地方の自由と責任に関する法律」（2004年8月13日の法律）と以後の具体化により，県は社会保障分野，州は経済開発・職業教育分野などに集中する方向が目指されている。

　しかし，「排他的な権限」の配分という問題は残されたままであり，相変わらず各層へ事務配分と権限は錯綜しているとの評価が一般的である。権限配分の複雑さこそ，分権化の成果が市民に理解されにくい要因であるとの指摘もある[30]。今後は各層に対する排他的権限の付与をどう具体化するのか，また，権限行使における自由度をどう高めるのかが依然として大きな課題である。

おわりに──近年の分権改革におけるフランスと日本の対照性

　以上検討してきたように，フランスは改正された憲法条文に明らかなように，地方公共団体の自由度（自治解釈権や自治財政権）を拡大し，かつ新たな事務を配分してきた。それに対して日本の近年の改革では，「全て，自治

体の自由度の拡大を目指した改革であった」[31]

　規模の問題では，フランスは県・市を廃止しない広域協力方式を採用してきた。それに対して日本では，合併方式を推進し自治体の規模を大きくしてきた。今後の道州制についても県を廃止する可能性が高い。

　今後日本に道州制を導入するとすれば，フランスにならい補完性原理（近接性）を生かす形で制度化すべきではないだろうか？　例えば，交通，経済開発，教育など対象を限定し，財政・公務員の点でコンパクトな地方公共団体としてスタートすること，また県を一律に廃止せず，地域格差是正のための自治体として残すべきであろう。

　憲法改正時のラファラン首相は，地方分権化の柱として「身近な民主主義」を強調した。補完性原理に含まれる近接性，即ち政策決定をできる限り市民に近いところで行うことを重視してきたのである。その上で，できる限り事務事業を下へおろしながら，同時に条例制定権や固有財源の保障などの点で自由度を拡大した。その結果，補完性原理を完全に受け入れたフランスの地方制度は，事実上「立法権の分有」へ踏み出しており，その意味で憲法上，州の立法権を明記しているイタリア型の「州国家」に近づいている。

　もちろん，イタリア以上に小さな自治体を前提とするフランス方式があらゆる面で理想である訳ではなく，4層に重なった地方制度は権限配分の錯綜という大きな問題を孕んでおり，今後の展開が注目される。

1) J. Fialaire et Collectif, *Subsidiarité infranationale et territorialisation des normes:Etat des lieux et perspectives en droit interne et en droit comparé*, Presse Universitaire de Rennes, 2005, p. 18, p. 23.　山崎栄一『フランスの憲法改正と地方分権―ジロンダンの復権―』日本評論社，2006年，307-311頁。

2) Ministère de l'intérieur, de la sécurité intérieure et des libertés locales, *Les Collectivités locales en chiffres 2007*, (Mise en ligne en mars 2007), p. 9, p. 18.　人口については，

第 8 章 フランスと補完性原理 209

Ministère de l'intérieur, de l'outre-mer et des collectivités territoriales, *Les Finances des régions 2005*, (Mise en ligne en mai 2007), p. 3.
3) M. Verpeaux, *Les Collectivités territoriales en France*, 3ᵉ éd., DALLOZ, 2006, pp. 26-27, pp. 40-43. Véronique Le Marchand, *Guide de la région*, Éditions MILLAN, 1996, pp. 4-5.
4) 日本の人口は 2004 年 3 月の概算値（総務省統計局）。フランスとイタリアは, Ministère de l'intérieur, de la sécurité intérieure et des libertés locales, *Les Collectivités locales en chiffres 2007*, (Mise en ligne en mars 2007), p. 126.
5) Ministère de l'intérieur, *Les Collectivités locales en chiffres 2007*, op. cit., p. 115.
6) Ministère de la fonction publique, *Rapport annuel Fonction publique: Faits et chiffres 2004*, p. 46.
7) Ministère du budget, des comptes publics et de la fonction publique, *Rapport annuel sur l'état de la fonction publique 2006-2007: volume 1-Faits et chiffres*, (août 2007), p. 27.
8) Ministère de l'intérieur, *Les Collectivités locales en chiffres 2007*, op. cit., p. 117.
9) 本表および表 8-9, 10 は, BIS, Nº 53, Minstère de l'intérieur, janvier 2007, pp. 4-7.
10) イタリアについては，工藤裕子，森下昌浩，小黒一正「イタリアにおける国と地方の役割分担」，財務省財務総合政策研究所『主要諸外国における国と地方の財政役割の状況』，2006 年，535 頁。フランスについては表 8-7 より。
11) Ministère de l'intérieur, *Les Collectivités locales en chiffres 2007*, p. 43.
12) フランスについては Ministère de l'intérieur, *Les Finances des régions 2005*, (Mise en ligne en mai 2007), p. 28 および, *Les Finances des départements 2005*, (Mise en ligne en mars 2007), p. 21. イタリアについては工藤裕子, 他, 前掲論文，537 頁。
13) 改正要点については，J.-L. Bœuf et M. Magnan, *Les collectivités territoriales et la décentralisation*, 3ᵉ éd., (Découverte de la vie publique) La Documentation française, 2007, pp. 48-49. 条文については, 和田進・光信一宏訳と高橋和之訳を参照し，原文から筆者が訳した。阿部照哉・畑博行編『世界憲法集（第 3 版）』有信堂，2005 年，380-406 頁。高橋和之編『新版　世界憲法集』岩波文庫，2007 年，273-319 頁。
14) 大津浩「『不可分の共和国』における地方自治と憲法改正」，比較地方自治研究会・自治体国際化協会『世界地方自治憲章と各国の対応』，2004 年，23 頁。
15) 報告書（国民議会：報告者 Piron 議員）*Gouverner en France: quel équilibre territorial des pouvoirs?*, (Rapport d'information No. 2881), 2006, p. 41.
16) E. Aubin et C. Roche, *Droit de la Nouvelle décentralisation: Principes directeurs, Dimension humaine de la décentralisation, Compétences évolutives des collectivités territoria-

les, Gualino éditeur, septembre 2005, p. 78.
17) 2002 年当時の地方自治担当大臣の発言。(*Gouverner en France: quel équilibre territorial des pouvoirs?*, *op. cit.*, p. 70)
18) イタリアでは 2001 年の憲法改正（第 117 条）において，従来，州が立法権を有する分野を限定列挙していたものを，「国の権限に専属する分野」と「国と州の共管とする分野」を明記し，「それ以外の全ての分野」についての権限を州専属とし，その立法権も有することとした。その結果，州の立法事項が大幅に拡大した。（工藤裕子，森下昌浩，小黒一正，前掲論文，528 頁）
19) *Gouverner en France: quel équilibre territorial des pouvoirs?*, *op. cit.*, p. 325.
20) 西尾勝『地方分権改革』東京大学出版会，2007 年，241 頁。
21) J.-B. Auby, *La décentralisation et le droit*, (systèmes Droit) L. G. D. J., 2006, p. 60.
22) J. Fialaire et Collectif, *op. cit.*
23) このような条例制定権の評価をめぐっては，大津浩，前掲論文，28 頁。
24) *Gouverner en France: quel équilibre territorial des pouvoirs?*, *op. cit.*, p. 35.
25) 憲法院がこれまでも，「自由行政」の原則により「地方自治を一律かつ画一的に制約する法律を違憲としている」こと，さらにコンセイユ・デタの判決や国ー地方関係の実際が「国の法律による画一化への対抗の動き」を定着させていること，については，飯島淳子「フランスにおける地方自治の法理論」『国家学会雑誌』第 118 巻 3・4 号，7・8 号，11・12 号，第 119 巻 1・2 号，5・6 号，2005〜06 年。特に第 119 巻 5・6 号，360 頁以下。
26) *Gouverner en France: quel équilibre territorial des pouvoirs?*, *op. cit.*, p. 35.
27) 大津浩，前掲論文，17 頁。
28) M. Le Roux, La régionalisation ferroviaire: De l'expérimentation au transfert de compétence, in J. Fialaire et Collectif, *op. cit.*, pp. 35-47.
29) 報告書（上院：報告者 Joél BOURDIN 上院議員）*Rapport de l'Observatoire des Finances Locales: Les finances des collectivités locales en 2007, Etat des lieux*, 03 juillet 2007, p 16.
30) S. Creusot et O. Benjamin, *Le financement des nouvelles compétences des collectivités locales*, (politiques locales) L. G. D. J., 2007, p. 107.
31) 西尾勝，前掲書，221 頁。

あとがき

　本研究は，神奈川大学を主幹校とする科研費基盤研究(C)の「補完性原理に関する総合的研究」(2006〜07)を基にしている。ここに9大学の13名の政治学，行政学，憲法，行政法の研究者が集まり，現地調査を含めて2年間にわたり研究を進めてきた。専攻分野を異にする者の研究会での会合はそれ自体で刺激的であり，これらの研究の結果を本書は比較的短期間でまとめることができた。ただ率直にいうと，法的規範性を含め様々な議論がある補完性原理を分析軸とする，個別的・具体的な研究を行うためには今回はなお時間が不足した。本書の各論文で補完性原理の扱いに濃淡があるのは，その点に由来している。今後，同原理についての研究を，一層の鋭意をもって続けていく予定である。また本来，全体の見取り図ともなり，補完性原理の説明を行うはずであった最終章が欠落してしまったことも残念である。当章を担当していた廣田全男氏（横浜市立大）は，種々の事情でそれを行えなかったが，その成果の一部は本書のはしがきの部分に活かされている。なお，EU研究を中心に今日多用化されるようになったマルチレベル・ガバナンス（MLG）論につき一言しておくと，本研究は中央−地域の二層関係の構造変動を主要な対象にしているので，MLGの方法は採りえなかった。EU，さらには基礎自治体を含めた全般的なガバナンスの分析は，他日を期することにしたい。

編　者

執筆者一覧（執筆順）

若　松　　　隆	中央大学法学部教授
山　田　　　徹	神奈川大学法学部教授
高　橋　利　安	広島修道大学法学部教授
津　田　由美子	獨協大学法学部教授
田　口　　　晃	北海学園大学法学部教授
穴　見　　　明	大東文化大学法学部教授
山　崎　幹　根	北海道大学公共政策大学院教授
西　村　　　茂	金沢大学法学部教授

ヨーロッパ分権改革の新潮流

2008 年 7 月 25 日　初版第 1 刷発行

編著者　若　松　　　隆
　　　　山　田　　　徹

発行者　玉　造　竹　彦

発行所　中央大学出版部
〒192-0393
東京都八王子市東中野742番地1
電話042-674-2351・FAX042-674-2354

電算印刷

ⓒ 2008 Takashi Wakamatsu, Toru Yamada
ISBN 978-4-8057-1139-2